AF593221

Le quiproquo

Ludivine Halbardier

Le quiproquo

Roman

LE LYS BLEU
ÉDITIONS

ISBN : 979-10-422-0387-0

Chapitre I

Des vignes à perte de vue. Un silence parfois troublé par le chant des oiseaux et une respiration haletante. Encore une centaine de mètres et elle y serait, dans la forêt, sa forêt. Elle était déjà en sueur, alors qu'elle n'avait entamé sa montée que depuis à peine 10 minutes.

Mais qu'est-ce qu'elle foutait là, bordel ? Un dimanche, à 7 heures 48 du matin ? Une jeune femme seule, se baladant dans un endroit isolé de campagne ?

Une fois de plus, un réveil matinal après une bien trop courte nuit l'avait tiré de son lit. Elle n'en pouvait plus. Des années que cela durait. Elle ne savait même pas ce que le mot grasse matinée pouvait bien signifier. Enfin si, en théorie. Mais elle ne savait pas comment cela se concrétisait, cela demeurait pour elle un concept plutôt flou. OK, elle avait bien constaté sur ses amis que cela avait un effet formidable de dormir longtemps, de récupérer de la semaine, de prendre un petit déjeuner tardivement… que c'était facile pour eux de se coucher très tard (ou tôt le matin), puisque de toute façon un paramétrage naturel s'effectuerait et qu'ils ne se réveilleraient que lorsque le corps aurait estimé que le temps de récupération nécessaire serait atteint. Mais elle ne connaissait pas cela. Depuis des années, le sommeil était un peu son fardeau. Impossible de s'abandonner dans les bras de Morphée, car quand bien même elle parvenait à s'endormir après un travail acharné de respiration méditative, 14 chapitres de lecture et une tisane calmante, dès lors qu'elle se réveillait 3 heures plus tard (les bons jours), il lui était alors impossible de se rendormir.

Aussi, elle restait allongée et attendait que cela revienne… mais il semblait alors que le marchand de sable avait fini sa tournée… le salaud… alors à bout de patience, elle finissait généralement par se lever et démarrait sa journée, parfois forcément très tôt.

C'était exactement ce qui lui était arrivé ce matin-là. Et pourtant, elle était rentrée bien tard (ou tôt !) d'une soirée entre amis, arrosée de liquides divers et divins, de rires et de complicité. Lorsqu'elle s'était levée, elle avait ouvert ses volets pour découvrir une nuit encore bien sombre, et un silence de cathédrale régner sur son quartier. Elle assisterait sans doute au lever du soleil. Encore. La plupart du temps, elle adorait ce moment intemporel. Mais là, à cet instant très précis, elle s'était alors dit avec une profonde tristesse qu'à cette heure-ci, ses comparses de soirée, eux devaient dormir. Sans doute étaient-ils loin en train de réaliser des quêtes improbables, vivant de grandes aventures du subconscient, des épopées improbables issues de leur quotidien… Lorsqu'ils se réveilleraient, le soleil aurait dépassé depuis longtemps son rencart au zénith, et ils regretteraient de ne pas avoir réussi à ouvrir l'œil plus tôt. Elle entendait souvent qu'elle avait une chance incroyable d'être matinale, qu'elle pouvait profiter amplement de sa journée qui était toujours à son image, riche d'hyperactivité. Elle entendait également souvent que cela était juste incroyable qu'elle ait autant d'énergie avec si peu de sommeil. Humm. N'est-ce pas ? Elle faisait toujours bonne figure lorsqu'elle encaissait ces propos, mais en réalité, elle enrageait. La plupart des individus pensent que le manque de sommeil entraîne une fatigue physique, mais c'est une fausse croyance populaire. En réalité, le corps est programmé pour résister à ce genre d'éventualité et aussitôt que l'on finit par se mettre en mouvement, l'énergie circule, comme par magie. Mais en vérité, la difficulté réside dans le psychisme, car la machine cérébrale ne s'arrête jamais, et aucun moteur qui soit ne peut tourner à plein régime sans atteindre la surchauffe.

Alors non, dormir peu est loin d'être un cadeau du ciel. On s'adapte, voilà tout. Parfois, on perd ses nerfs aussi. Et c'est d'ailleurs ce qui s'était passé ce matin-là… en songeant à ses amis noyés sous leurs montagnes d'édredon, elle avait senti une amertume teintée de colère l'envahir. Et comme à chaque fois qu'elle était en colère, elle trouvait un moyen sain de l'évacuer, sinon elle-même ne savait de quoi elle était capable si elle perdait le contrôle. Aussi, un café, une cigarette, un enfilage de tenue sportive, une préparation de sac à dos plus tard, et elle était partie en randonnée toute seule. Merde, y en avait marre. Oui oui, elle savait que cela pouvait être inconscient, mais elle était tant épuisée par cette machine cérébrale (et infernale…) qui ne s'arrêtait jamais de fumer, que parfois, oui, elle avait besoin de tenter de s'épuiser et de se vider de tout ce flot de pensées continu en faisant des choses extrêmes.

Chapitre II

Elle venait souvent se balader ici. Le dénivelé était parfait, et si le départ s'effectuait dans le vignoble alsacien, la vraie randonnée démarrait par un chemin de forêt un peu plus haut qui s'engouffrait dans la montagne jusqu'à un point culminant dominant toute une vallée. Dès les premiers mètres, elle sentit son cœur accélérer, et sa colère prendre le contrôle de ses gambettes. Que c'était bon ! L'air frais matinal qui lui fouettait le visage contrastait avec le soleil qui commençait à inonder l'horizon.

Arrivée à mi-chemin, elle avait coutume de faire une pause pour contempler le paysage, et l'océan de verdure qui s'étendait autour d'elle. Elle n'aurait su dire si elle était au pays d'elfes ou dans un lieu nordique mystique. Elle poursuivit ainsi plus d'une heure, et peu à peu, elle sentit ses entrailles se dénouer, et fut gagnée par un sentiment de fierté. Oui, l'endorphine, sa seconde meilleure amie… À cet instant très précis, elle se sentait la femme la plus libre et la plus sereine du monde. Elle sourit à cette pensée : dire qu'elle était au bord du gouffre il y a moins de deux heures. Mais il ne fallait pas se leurrer, elle savait pertinemment que d'ici peu de temps son tourment cérébral reprendrait le dessus. Elle profitait simplement de cette accalmie, en attendant… en attendant quoi au juste… sa vie se résumerait-elle toujours à cela ? Des heures de lutte pour quelques minutes de légèreté ?

Elle en était à ce stade de réflexion lorsque soudain, elle crut percevoir un bruit infime derrière elle. Comme elle était experte dans la pratique de la politique de l'autruche, elle fit comme si elle n'avait rien entendu. Mince… un nouveau craquellement, plus lourd cette fois. Rapidement, elle observa autour d'elle. S'il s'agissait d'un sanglier, elle grimperait dans un arbre et attendrait sagement son passage. Non. Un sanglier ne faisait pas ce bruit régulier… le craquellement avait muté en autre chose… quoi donc… on aurait dit… une respiration… humaine… masculine même… et qui se rapprochait. D'un coup, elle réalisa. Elle réalisa soudain qu'elle était partie seule de chez elle aux aurores, sans en aviser personne. Que si elle tombait nez à nez avec un pervers ou un serial killer, il lui faudrait s'échapper, ce qui impliquait de descendre vivement de la montagne en sens inverse, en espérant ne pas chuter et surtout tenir la distance. Mais quelle idée avait-elle eue ! Quelle mort stupide ! À tous les coups, elle serait dans le prochain épisode de « Faites entrer l'accusé ». Elle imaginait déjà sa famille et ses amis les plus proches témoigner et vanter ses mérites d'être humain, car il faut bien le reconnaître, les gens sont souvent atteints d'amnésie lorsqu'il s'agit de décrire une personne qui fut. Bon, si elle devait mourir aujourd'hui autant le faire avec dignité et en amochant un peu au passage son agresseur. Elle se baissa et ramassa une pierre, qu'elle espérait assez pointue pour faire des dégâts. Il faudrait viser un œil, cela serait très douloureux, et elle gagnerait un temps de fuite précieux. Déstabilisé et peut-être borgne, l'agresseur ne verrait de toute évidence pas dans quelle direction elle partirait. La respiration se rapprochait. Elle avait du mal à déterminer à combien de mètres l'individu pouvait se situer. Elle voulut voir à quoi pouvait ressembler son meurtrier, la personne qui lui ôterait sans doute la vie si elle ne faisait pas preuve d'une dextérité suffisante, aussi elle se retourna lentement… Et d'un coup, elle fut projetée à terre.

La douleur de la chute fut amortie principalement par la stupeur. Elle mit quelques secondes à réaliser où elle se trouvait lorsque soudain une main ferme vint se poser sur son épaule : « Est-ce que tout va bien ? ». Elle sentit que son serial killer l'observait et se retourna doucement pour contempler la mort en face, la mort qui se tenait penchée au-dessus d'elle, les sourcils froncés par l'inquiétude :

— Euh, oui, oui…

— Vous êtes sûre ? Rien de cassé ? Parce que vous avez fait une sacrée chute quand même !

Elle scanna mentalement son corps et pour être honnête, elle n'avait mal nulle part, si ce n'est à sa précieuse dignité, car elle venait de comprendre qu'à vouloir jouer les paranos, elle s'était pris les pieds dans une énorme racine entravant le chemin.

— Non non… ça va.

— Attendez, je vais vous aider à vous relever, proposa Hannibal Lecter.

Instinctivement, elle effectua un mouvement de recul. L'homme également, puis baissant les yeux, il vit qu'elle tenait fermement une pierre entre ses mains. Il sourit : « Je vois… vous pensiez vraiment que j'allais vous agresser ? ». Elle se releva difficilement, acceptant de relâcher la prise sur sa pierre : « Ça aurait été possible, non ? D'ailleurs, je ne suis toujours pas certaine que vous n'alliez pas le faire ».

— Rassurez-vous, je ne suis là que pour faire mon jogging… et ramasser les jeunes filles qui tombent sur mon passage, répondit-il en lui adressant un clin d'œil complice.

Exaspérée, elle demeura de marbre… mais pour qui se prenait-il celui-là… le prototype même du genre humain qu'elle abhorrait, composé de superficialités et de phrases toutes faites… « Bon, vous conviendrez que je n'ai pas trop l'air d'un serial killer, non ? »

— Pourquoi ils ont un air particulier ? Excusez-moi, mais je doute que si c'était écrit sur leur front, les victimes se feraient avoir aussi facilement…

— Qui me dit que ce n'est pas vous la serial killeuse ? Vous auriez très bien pu simuler une chute pour me faire baisser ma garde, et pour mieux me sauter à la gorge.

— Étonnant et belle répartie pour un homme aux goûts vestimentaires pour le moins étranges.

— Vous marquez un point.

Un silence gêné s'installa. Elle finit par se relever.

— Bon, et bien maintenant que je me suis bien ridiculisée, si ça ne vous dérange pas, je vais reprendre ma route.

— Je ne voudrais pas vous retenir, il vous reste encore une bonne distance avant d'atteindre le sommet, répondit l'homme en inclinant la tête.

Justement... elle n'en avait plus du tout envie. L'individu l'avait littéralement coupée dans son élan et elle sentait l'adrénaline la quitter doucement pour laisser place à une lassitude latente.

— En fait, je crois que j'ai eu mon quota de sensations fortes pour aujourd'hui, je préfère opérer un demi-tour, et ce serait plus prudent. Imaginez si j'en croise un deuxième comme vous, dit-elle en souriant et, disons-le, franchement, en se donnant beaucoup de mal pour paraître sympathique.

— Parfait, on pourrait marcher ensemble si vous voulez ? Après tout, nous partons dans la même direction. Après une telle rencontre, il me tarde vraiment de découvrir ce que vous me réservez ensuite.

« Quel con ! », pensa-t-elle. En vérité, elle aurait eu envie de lui rétorquer qu'elle n'avait absolument aucune intention de discuter, et encore moins avec un mec qui portait un short cycliste moulant mauve, qu'elle était venue ici en quête de quiétude et de nature, pas pour échanger des vannes ô combien douteuses avec un parfait inconnu et qu'elle n'appréciait que très moyennement que l'on puisse lui imposer une décision et par la même, l'amputer de son libre arbitre... mais elle avait parfaitement conscience qu'il n'y avait qu'un seul et unique chemin pour redescendre, et à moins de prétexter une soudaine préférence pour l'accrobranche, qu'elle n'avait en plus jamais pratiqué, elle devrait se contenter de sa compagnie. Aussi, elle s'entendit répondre simplement et s'en détesta encore plus : « Oui, bonne idée ».

Chapitre III

L'homme était plutôt du genre causant, mais il fallait bien lui reconnaître un côté tout à fait courtois. Comme souvent lors de ces rencontres de vie, les conversations portaient sur des sujets aussi classiques, qu'inintéressants… Elle crut bien toucher le fond lorsqu'ils arrivèrent à l'incontournable point météo. Et tandis qu'il parlait, elle l'observait du coin de l'œil… Quel âge pouvait-il avoir… 35 ans ? 40 ans ? Comment pouvait-il s'appeler… Théo ? Paul ? Non, non… Il avait la tête du jeune homme qui devait probablement avoir vécu avec le fardeau d'un prénom atypique… du genre… Jean-Eude… Oui, quelque chose de ce goût-là. Elle eut soudain envie de rire, c'est mal de se moquer, surtout quand l'objet de l'amusement est purement issu de spéculations… mais plus encore lorsqu'on était affublé d'un prénom féminin des plus improbables.

Elle tenta de se concentrer pour se regreffer à la conversation, qu'elle ne suivait plus depuis plusieurs minutes. Un silence avait dû s'installer sans même qu'elle ne s'en rende compte. Depuis combien de temps durait-il ? D'ailleurs, c'était étrange… il n'avait pas l'air du genre à entretenir les vides sonores, celui-là… zut, il était tout à fait probable qu'il ait posé une question et qu'en guise de réponse, il avait eu droit à une tornade monumentale. Elle se retourna et vit qu'il était appuyé contre un arbre, quelques mètres derrière elle, visiblement mal en point… En tout cas, quelque chose n'allait pas puisqu'il se tenait la poitrine et respirait bruyamment. « Sérieusement, pensa-t-elle… il n'est quand même pas en train de me faire une crise cardiaque là (plutôt 58 ans donc)… mais comment je vais faire moi pour le traîner jusqu'à la voiture ? » Enfin ça, c'était dans l'hypothèse d'un élan d'altruisme. Quoique à défaut d'intervenir, ne serait-elle pas reconnue coupable pour non-assistance à personne en danger ? Mais après tout, personne ne savait qu'elle était actuellement ici, à ses côtés, il lui suffirait de filer à l'anglaise, et de le planter là. Hum… quoiqu'elle eût regardé suffisamment de reportages criminels pour savoir qu'elle avait forcément dû laisser des traces derrière elle, ou qu'elle serait trahie par le bornage téléphonique. Soit, elle n'avait d'autre choix que de l'aider finalement.

L'homme lui expliqua dans un souffle se sentir soudain faible. Effectivement, elle constata que ses jambes tremblaient et qu'il était d'une pâleur extrême. Elle en déduisit rapidement qu'il devait être sous l'emprise d'une crise d'hypoglycémie, ce qui aurait été plutôt cohérent. Coup classique qui la soulagea, au moins elle n'aurait plus à s'interroger sur la bonne gestion d'un cadavre. « Si tu t'étais contenté de marcher en silence, plutôt que de perdre de l'énergie dans l'échange de futilités aussi… » pensa-t-elle. Cette avalanche de pensées malsaines lui procura un bref sentiment de culpabilité, puisqu'il fallait bien être honnête, il lui inspirait tout de même un peu de sympathie, ce garçon. Elle tira de son sac un Carambar au caramel, son péché mignon, et le lui tendit. Il l'observa, hagard, avant de se saisir du remède miracle. L'apport de sucre sembla avoir l'effet escompté, car il reprit doucement des couleurs… et de la voix…

— Merci. Cela m'arrive parfois. Ça va, ça va, je commence à me sentir un peu mieux là…

— Tant mieux, répondit-elle.

— Vous devez avoir des enfants, j'imagine ? l'interrogea-t-il.

— Quel est le rapport avec votre pseudo-malaise ?

— Mon pseudo-malaise ? Vous êtes vraiment une sacrée paranoïaque, pour imaginer que je vous jouais la comédie ! dit-il en souriant faiblement. C'est juste que j'ai remarqué que ce qui trahit le plus les gens, ce sont souvent leurs petites attitudes ou plutôt les gestes spontanés irréfléchis. Dans votre cas par exemple, vous avez eu une réaction typiquement maternelle…

— Ah non, je ne crois pas, c'était normal en fait…

— … Sans compter que j'imagine que seule une mère de famille peut se trimballer avec des bonbons dans un sac de rando.

— C'est n'importe quoi… Vous les sortez d'où vos analyses de personnalités ? Tiens, j'aurais été vraiment curieuse de voir votre réaction si j'avais dégainé une belle pomme rouge. Vous en auriez déduit quoi, que je me prends pour la sorcière de Blanche Neige ?

— Empoisonnée ou pas, croyez-moi, j'étais si mal que je l'aurais croquée sans hésiter et en toute confiance.

— C'est dangereux de faire confiance à quelqu'un qu'on connaît à peine.

— Question de feeling. Je le sens.

— Vous ne devriez pas trop compter sur votre intuition alors, parce que je n'ai aucune progéniture, et encore moins l'intention d'en mettre en route.

— Et vous, vous ne devriez pas être aussi catégorique. Pourquoi cet avis tranché ?

— Là, vous commencez à me mettre mal à l'aise, je ne vois pas en quoi ça vous regarde. Bon, on se met en route, là ?

— Vous me semblez plutôt jeune, mais vous pourriez le regretter dans quelques années.

Piquée au vif par cette remarque qu'elle jugeât de trop et des plus intrusives, elle demeura bouche bée… Elle avait déjà rencontré des individus dépourvus de tout tact, mais lui semblait battre des records. Sans compter qu'aujourd'hui, elle avait visiblement oublié de se munir de sa patience et elle sentait déjà les battements de son cœur accélérer à mesure que sa colère se réveillait. Et ce ton. Oui, ce petit ton condescendant d'un coup… Comment avait-il pu changer de comportement en moins d'une seconde ? Non, elle n'était pas tombée sur Hannibal Lecter, mais bel et bien sur le Docteur Jekyll et Mister Hyde. Bon d'accord, son indignation la poussait légèrement à l'exagération, et si elle avait pu se montrer grossière, elle ne lui pardonnait pas d'en avoir fait autant.

— Je sens que je vous ai un peu agacée, je crois, reprit l'homme gauchement.

— Pour une fois, nous sommes d'accord.

— Inutile de vous braquer, on ne faisait que discuter, c'est tout. Je pense juste qu'une longue vie vous attend, et que je trouve que c'est plutôt limitant d'être aussi catégorique. Restez ouverte surtout, je ne dis pas ça pour vous fâcher, mais uniquement pour vous aider.

Bon là, c'était trop, elle était franchement exaspérée. Elle ne tolérait déjà que moyennement que ses amis qu'elle adorait lui prodiguent des soi-disant conseils de vie sans qu'elle ne leur demande quoique ce soit, mais alors venant d'un parfait inconnu… Il commençait vraiment à dépasser les bornes, Maître Yoda. Et en plus, elle n'avait pas dormi, ce qui réduisait son seuil de tolérance à environ moins 12.

— C'est tout à fait louable de vouloir m'éclairer, je me sens tellement bénie tout d'un coup de vous avoir rencontré. Non, mais sans déconner, on se parle depuis quoi… 20, 23 minutes au mieux ? Et vous vous permettez déjà de prôner des discours moralisateurs, et de commenter mes choix de vie, en adoptant cet insupportable petit ton hautain et pédant…

— Un ton hautain ? éclata-t-il à son tour. Mais c'est la meilleure, celle-là, surtout venant d'une personne qui ne s'exprime qu'en étant narquoise et en aboyant ! Vous devriez vraiment vous estimer heureuse que je ne fuie pas. Je ne voulais pas être intrusif, je vous partageais un avis, une opinion, c'est tout ! N'est-ce pas le but d'une conversation aussi, d'échanger ?

— Et bien justement, je ne vous ai rien demandé, je suis venue ici seule pour me détendre, et vous me lâchez pas la grappe ! C'est possible encore ça, de trouver un endroit sur terre où je pourrais être seule ?

Elle avait presque hurlé ces derniers propos et il parut assez choqué par ce soudain accès de violence verbale. Et elle aussi, en fait. Et le voir ainsi figé, provoqua en elle un élan de culpabilité et de honte. Finalement, il n'avait pas totalement tort. Il ne lui avait rien fait, pourquoi avait-elle été aussi agressive ? Pourquoi fallait-elle toujours qu'elle dépasse les bornes et adopte des réactions disproportionnées ? Soudain, elle voulut disparaître, ne plus exister, elle détestait parfois qui elle était… Rassemblant le peu de dignité qu'il lui restait, elle tourna les talons, et le laissa là seul, debout au milieu de la nature, en espérant ne jamais le revoir.

Chapitre IV

Elle se leva péniblement de son lit… totalement perdue, hagarde et la bouche pâteuse. Comme après une bonne cuite avec sa copine Coco. Combien de temps avait-elle dormi ? 12 heures ? Plus, ou moins ? Aucune idée. D'ailleurs, quel jour était-on ? Aucune idée non plus. Et où était-elle exactement ?

Normalement, sa table de chevet était à gauche. Elle tendit mollement son bras, qui semblait peser des tonnes, et là… le vide… ah oui, cela lui revenait. Elle tenta de rassembler ses souvenirs… Son appartement… les pompiers… les urgences… elle qui hurle et qui se débat. Oui, ça s'était passé mardi. Et là, on devait être… jeudi, oui, oui, jeudi… ! Ou peut-être même vendredi ? Combien de nuits s'étaient succédé ? Tout lui semblait flou.

Lentement, elle se redressa, et balaya la pièce du regard. Il faisait jour. Les murs blancs semblaient se refermer sur elle. Aucune décoration, juste un lit attaché au sol, un bureau, une chaise. À travers la fenêtre, elle distingua un parc baignant dans un pâle soleil d'automne. Elle demeura un moment debout, à contempler la vaste étendue orangée devant elle… La vache, elle était totalement défoncée… Elle rit toute seule… Soudain, elle eut envie de ressentir la pureté de l'air envahir ses poumons. Aussi, se jeta-t-elle sur la fenêtre. Enfin jeta… totalement engourdie par les médicaments, son pied ne suivit pas son enthousiasme et s'accrocha à un coin du lit, le traître. Elle s'étala lourdement de tout son long. La porte s'ouvrit soudain derrière elle avec précipitation, et elle entendit une voix inconnue s'adresser à elle :

— Mademoiselle ? Mademoiselle ? Vous allez bien ?

Après un long silence, elle répondit en souriant :

— C'est drôle… comme un air de déjà vu… foutue branche, hein…

Face au silence de la dame en blouse blanche, elle se sentit obligée de rajouter : « Je passe ma vie par terre en fait… enfin, je tombe… pas symboliquement, ou comme une personne âgée… je suis juste maladroite… mais pas toujours… mais… bref, ça va ». Elle préféra se taire, sentant un malaise s'installer. Non seulement les médicaments l'empêchaient de danser une gigue endiablée, mais en plus, ils semblaient lui avoir enlevé le peu de filtre verbal qu'elle tentait de conserver, et ses lèvres laissaient s'échapper absolument toutes les pensées qui avaient le malheur de traverser son esprit.

Mais au moins, ces petites pilules avaient le mérite de lui permettre de l'aider à canaliser sa colère. Oui, parce que là, elle pouvait donner l'impression d'être une gentille patiente collaborative, mais au fond d'elle, un véritable feu lui dévorait les entrailles. Elle évitait soigneusement de penser à l'incident qui l'avait conduite ici, sinon… Oui, sinon là effectivement, on aurait bien une raison de la qualifier de folle. Bon, pour être parfaitement honnête, ce n'était pas exactement le diagnostic qui avait été relevé. Non, on avait parlé de décompensation. Mais décompensation de quoi ? Elle aurait bien aimé le savoir, d'autant plus qu'à sa connaissance, elle ne souffrait d'aucune pathologie… sauf si être phobique des pieds en était une, peut-être ? Elle avait aussi entendu un médecin évoquer le terme de TS, se sentant probablement doté d'une intelligence hors norme en employant des abréviations soi-disant savantes, le genre dont seuls les initiés peuvent en déceler le sens. N'importe quoi… Comme si elle ne savait pas que, en plus, cela signifiait tentative de suicide.

Mais personne ne voulait la croire… un pur accident… une pure perte de contrôle, ah ça, elle n'était pas prête de relâcher sa vigilance à l'avenir !

Résultat, à cause d'un malencontreux malentendu, elle avait été enfermée ici. Et c'était quoi « ici » ?

Un charmant hôpital psychiatrique, isolé au milieu des vignes. Quand elle était petite fille, avec ses camarades de classe, ce lieu était sujet à blague constante. Dès lors qu'une personne se comportait étrangement, ou avait des propos des plus farfelus, on le destinait alors moqueusement à cet endroit. C'est méchant un enfant, ça ne tolère pas la différence. Avait-elle été comme ça, elle aussi ? Moqueuse et narquoise ? Peut-être, parfois oui… D'ailleurs, ce mot lui évoqua quelque chose… narquoise… qui déjà l'avait qualifiée ainsi ? Qu'importe. Pour être honnête là, elle s'en fichait pas mal et n'avait nullement envie de mobiliser ses souvenirs, et encore moins d'analyser ou de réfléchir au sens profond de sa vie, et de ses comportements passés. Elle était en colère. Pour avoir travaillé au Tribunal, elle connaissait bien la procédure. Le seul moyen de sortir d'ici quand on était victime d'une SPDT, donc quand plusieurs tiers avaient décidé que vous étiez un danger pour vous-même ou pour la société, était de passer devant un Juge des Libertés. Elle allait devoir prendre son mal en patience, être très sage et prouver qu'elle allait bien, qu'elle collaborait, mais surtout que sa place n'était pas ici. Sans déconner, personne ne se souciait jamais de comment elle allait au quotidien, et quand elle avait des comportements, certes dépourvus de sens moral, mais probablement dus à un manque de sommeil perpétuel, la voilà qu'elle se voyait qualifier de personne instable… et pour le coup-là, on se souvenait qu'elle existait ! Bien sûr qu'elle était injuste dans ses propos et analyses, mais elle avait décidé que dans les circonstances actuelles… Oui ! Elle en avait tout à fait le droit.

Chapitre V

Elle était partie s'isoler dans le parc, et fumait sans doute sa vingtième cigarette de la journée. En temps normal, elle aurait eu envie de faire une longue balade, ou serait en train de tourner comme un lion en cage en ruminant, mais justement on n'était pas en temps normal. Ses « médicaments » l'assommaient littéralement et quand elle ne dormait pas, elle venait se poser seule sur ce banc à fixer l'horizon apaisant, et à réfléchir. Elle y parvenait encore, même si cela l'épuisait et, fort heureusement, elle était encore capable de ressentir des choses. Vue de l'extérieur, elle semblait accepter sereinement sa situation. Et c'était bel et bien son but. Pas d'accepter la situation bien entendu, mais tout du moins d'en avoir l'air. C'était décidé, dès qu'elle sortirait d'ici, elle allait foutre le camp pour de bon, elle quitterait la région sans avertir personne. Ah, mais c'est qu'ils l'avaient bien cherché hein ! Puisqu'apparemment, elle était un problème pour tout le monde, le problème se délocaliserait. Il faudrait qu'elle pense à jeter son téléphone portable aussi, comme dans les films, histoire qu'on ne puisse pas la géolocaliser.

La police ne viendrait pas à sa recherche, elle avait le droit de partir sans laisser de trace, de disparaître. Oui, cela, elle s'en souvenait. C'était la loi. Après tout, combien de personnes disparaissaient volontairement en France chaque année ? Elle ne connaissait plus le nombre exact mais beaucoup, oui, ça, elle en était certaine. Étaient-ils tous comme elle ? Écrasés par la colère et le sentiment perpétuel d'injustice ? Qu'est-ce qui pouvait bien pousser quelqu'un à changer de vie, du jour au lendemain ? Sentiment de trahison ? Vengeance ?

Elle médita un moment le sujet et, pour la première fois de son existence, elle pouvait comprendre les individus qui faisaient ce choix. Chacun ses raisons, la sienne serait de punir ceux qui l'avaient envoyée ici, ceux qu'elle chérissait le plus. Trahison, donc. Ils avaient beau se cacher derrière le coup de la bienveillance, ils venaient en réalité de lui planter un ultime coup de couteau dans le cœur. « Pas de chance les gars… la colère c'est mon moteur… » s'entendit elle marmonner. Super, si elle parvenait à sortir d'ici, elle finirait encore plus aigrie que jamais… est-ce que sa situation pouvait être pire ?

Tandis qu'elle ruminait les yeux fermés, tel un Edmond Dantes préparant sa vengeance froide, une voix masculine la fit sursauter : « Mais… qu'est-ce que vous faites ici ? » Elle demeura alors interdite et incapable de répondre, figée dans sa stupéfaction. « C'est drôle… À chaque fois que l'on se rencontre, il semblerait que je vous effraye », poursuivit l'individu.

Non, impossible. Cela ne pouvait être réel… pas lui… le type de la randonnée ! Finalement, si. Sa situation pouvait donc être pire.

Chapitre VI

Elle avait beau cligner des yeux, la même image ne cessait de se présenter devant elle. Mais qu'est-ce que cet énergumène faisait ici ? Les premières secondes, elle avait cru à une hallucination provoquée par son traitement médicamenteux de choc, mais avait rapidement compris qu'elle se méprenait. Et si elle y réfléchissait bien, pourquoi son subconscient aurait-il choisi de lui envoyer un message avec ce visage-là ?

Quoique, cela eût été possible… Après tout, n'avait-il pas réussi l'exploit de la faire sortir de ses gonds en quelques minutes ? Ce genre de prouesse doit forcément laisser des traces psychiques.

Il ne portait aucune blouse médicalisée et semblait tout droit sortir de son lit. Elle en déduisit rapidement qu'il ne devait pas non plus être venu rendre visite à quelqu'un, et qu'il appartenait encore moins aux membres du personnel. Si elle avait raison, il lui semblait plutôt en forme pour quelqu'un qui était hospitalisé ici, car bien entendu, il s'était empressé d'activer à puissance maximale sa boîte à vocalises. Il l'avait alors inondée de propos absurdes sur le destin, ces retrouvailles improbables, mais forcément calculées par le divin. Blablabla… Elle l'avait patiemment écouté, ne sachant tout simplement quoi répondre, et probablement aussi parce qu'elle détestait tous ces gens qui sortaient à tout bout de champ des propos venus tout droit de bouquins de développement personnel, ou qui tentaient de trouver une explication à chaque événement de vie.

— Au fait, je me suis rendu compte que nous n'avions jamais échangé nos prénoms, dit-il.

— Oui, c'est juste, avait-elle répondu laconiquement. Si déjà elle était bloquée ici, autant s'amuser un peu. Et elle prenait un malin plaisir à se montrer froide avec lui.

Un ange passa.

— Je m'appelle Victor, mais tout le monde préfère dire Vic en fait, dit-il en lui lançant un regard l'incitant à poursuivre.

— Et cela vous plaît-il ?

— Quoi, mon prénom ?

— Non, le fait que tout le monde vous appelle Vic. J'imagine que personne ne vous a interrogé pour savoir si vous consentiez à porter ce sobriquet.

— Euh, je ne sais pas, dit-il en riant, je ne me suis jamais penché sur la question. Je pense que c'est plutôt une marque d'affection, ou de complicité non ? Alors, je dirais que ça ne me dérange pas, au contraire.

— D'accord, donc… vous vouliez déjà que je vous appelle par un diminutif affectueux alors qu'on se connaît à peine ?

— Vous avez vraiment de drôles de réflexions vous. Déjà l'autre fois sur la montagne…

— Sans doute, mais je ne sais pas si c'est une bonne idée d'y revenir, on risquerait encore de se disputer.

— Vendu. Et vous, comment vous appelez-vous ? Loin de moi l'idée de vous harceler, mais je pense qu'échanger des prénoms est la première étape pour établir les bases d'une relation sociale.

— Question de point de vue, il y a tellement d'autres possibilités d'approche. Pourquoi rester conventionnel ?

— C'est drôle, quand on s'est rencontrés et que vous êtes partie au quart de tour, je pensais vraiment que vous étiez de mauvais poil, mais apparemment c'est un état constant chez vous.

— On ne vient pas de dire qu'on n'en parlerait plus ?

— Bon… Et donc comment dois-je vous appeler ? Je me suis souvent posé la question.

— Souvent ? J'espère sincèrement pour vous que vous êtes de ces personnes adeptes de l'exagération verbale. Non, parce que dans le cas contraire, ce serait vraiment flippant de s'imaginer que quelqu'un qu'on a croisé une fois, en haut d'une montagne, ait passé les derniers mois à chercher mon prénom.

— Et c'est reparti pour cette histoire de psychopathe. Vous êtes encore là-dessus…

— Vu où on est aujourd'hui, je ne suis peut-être pas tombée loin de la vérité finalement, dit-elle en souriant. Et cela ferait de moi donc une de vos consœurs. C'est plutôt marrant, je trouve, si on y réfléchit bien.

Victor l'observa en silence, avant d'ajouter : « C'est juste que vous m'avez intrigué ».

— Et cela en restera ainsi.

Sur ces entrefaites, elle s'était levée et l'avait planté là, une fois de plus.

Chapitre VII

Elle vivait peut-être une situation ubuesque, mais elle était cependant ravie d'une chose… oui, elle n'avait pas encore droit aux visites (ce qui l'arrangeait en un sens, avait-on réellement envie que quelqu'un vienne assister à sa propre déchéance ?). OK, elle était défoncée une bonne partie de la journée, et elle avait cette sensation de bouche pâteuse qui l'incitait à éviter toute forme de communication verbale. D'accord, elle voyait régulièrement un psychiatre qui ne semblait que partiellement l'écouter, mais plutôt dresser une liste mentale de courses (Porsche, sacoche Louis Vuitton… un peu cliché, certes elle en convenait), en revanche, ici, il fallait bien qu'elle reconnaisse qu'elle dormait profondément. Pas de ce sommeil pur dont seuls les enfants ont le secret certes, mais une sorte de trou noir principalement dû à son cocktail de médicaments. Elle disposait au moins enfin de quelques précieuses heures où son cerveau débranchait littéralement, et elle ne conservait le souvenir d'aucun rêve. Un échantillon du paradis en somme.

Le lendemain, lorsqu'elle était descendue au réfectoire pour prendre son petit déjeuner, elle s'était installée dans un coin et avait cherché du regard Victor. À son grand soulagement, il n'était pas apparu dans son champ de vision, et elle se jeta littéralement sur son plateau-repas. Ça aussi… depuis qu'elle était ici, elle avait une faim de loup. Encore un effet secondaire de ses cachetons, mais pour être honnête, elle trouvait la boustifaille plutôt bonne. Tandis qu'elle finissait son café, elle observa les autres patients autour d'elle semblant perdus, dans les confins de leur esprit. Mais c'est surtout leur solitude qui la frappa. Peinée, elle s'était alors demandé quel avait pu être le parcours de vie de ces individus. Certains n'étaient peut-être là que temporairement, d'autres faisaient probablement des aller-retour depuis des années. À quoi ressemblait leur quotidien, dehors, avec toujours cette épée de Damoclès au-dessus de leur tête ? Comment pouvait-on poursuivre son quotidien en gardant constamment dans un coin de sa tête qu'un jour votre esprit peut finir par devenir votre arme de destruction massive personnelle ? S'en rendaient-ils compte ? Peut-être, oui. Ou peut-être pas. Peut-être était-ce en fonction de leur pathologie. « Leur » pathologie… mais pourquoi pensait-elle à eux comme s'ils étaient différents d'elle ? L'étaient-ils vraiment ? Après tout, elle se trouvait actuellement au même endroit qu'eux, et elle n'était visiblement pas arrivée ici par hasard, puisqu'apparemment elle aussi était malade. Seulement, elle ne se sentait pas plus différente d'il y a quelques jours, et surtout elle ne savait toujours pas de quoi elle souffrait. Était-ce le genre de pensées qui animait également tous les patients de cet hôpital ? Avait-elle fini par basculer de l'autre côté sans s'en rendre compte ? Mais pourquoi parlait-elle d'ailleurs « d'autre côté » ? Elle était en tout cas certaine d'une chose : tous partageaient quelque chose de commun et d'universel… qu'on les comprenne ou non, ils étaient humains, avec des sentiments propres. Certes, avec un mode de fonctionnement atypique par rapport à celui du plus grand nombre, mais dont ils n'étaient pas responsables. Et qui avait décrété que le plus grand nombre avait forcément raison ? Qui avait décidé des règles dont la société devait répondre ?

Elle arrêta là le flot de ses pensées. C'était exactement à ce genre de moment qu'elle perdait toujours pied, elle pouvait passer d'un moment de joie, à un profond état de déprime en quelques secondes, juste en tentant de comprendre le monde, de trouver des réponses à des problèmes insolubles. C'était peut-être cela sa maladie.

Saisie d'un élan d'amour, elle décida de changer de place pour aller s'installer à une autre table. Elle choisit celle d'un homme seul, hagard et éteint. En posant doucement son plateau, elle chercha le regard de l'individu afin de pouvoir établir un contact. Non, ils n'étaient pas différents et tout le monde avait besoin de bienveillance et d'un sourire.

Elle sortit dans le parc, encore bouleversé par ce qu'elle venait de vivre au réfectoire. En réalité, elle avait eu peu d'échanges avec Paul, du moins verbaux. Mais tout s'était joué dans un sourire ou un regard. Un moment de silence mais de partage, indescriptible et brut… songeuse et se sentant animée d'une nouvelle mission, elle ne sentit pas le danger arriver.

« Léopoldine ! »

Plus par réflexe que par curiosité, elle se retourna. Non, encore lui ? Mais d'où connaissait-il son prénom ? Elle ne tarda pas à le découvrir. « J'ai demandé à une infirmière… vous êtes fâchée ? Quoique inutile de vous poser la question, je peux déjà lire sur vos traits la réponse ». À vrai dire, cela lui était bien égal, dans un endroit confiné comme celui-ci, il aurait tôt ou tard fini par découvrir son prénom. Elle ne répondit pas et choisit de l'ignorer complètement. C'était plus fort qu'elle, c'était tellement plaisant de le faire tourner en bourrique.

Mais pour l'heure, ce qui l'intriguait vraiment c'était la raison pour laquelle Victor se trouvait ici. Il ne semblait ni dépressif, ni psychotique, ni suicidaire, encore moins bipolaire… un peu pénible, certes, mais cela ne relevait en rien d'une pathologie. Ou alors la moitié de l'univers pouvait prétendre à une place en ces lieux.

Elle décida alors de lui poser la question sans détour… et là… le miracle se produisit. Victor, pour la première fois depuis qu'elle le côtoyait, sembla comme foudroyé sur place et se perdit dans ses pensées. C'est presque timidement qu'il lui confia qu'il était en proie à de violentes crises d'angoisse depuis de nombreux mois. D'ailleurs, ce fameux matin dans les montagnes, il n'avait pas eu de crise d'hypoglycémie, mais son malaise avait été provoqué par une violente montée d'anxiété, qui avait pris possession de son être, lui coupant jambes et respiration. Dans les semaines qui avaient suivi, les crises s'étaient accentuées et rapprochées. Il consultait régulièrement et depuis plusieurs années d'ailleurs un thérapeute, mais il semblait que les séances avaient atteint leurs limites.

Un matin, il n'avait plus réussi à se lever… il savait son corps en parfait état de marche, mais à vrai dire ce dernier refusait obstinément de répondre aux ordres de son cerveau. Il était dans une sorte d'état catatonique, comme si son anxiété était finalement parvenue à prendre le dessus sur son physique.

Aussi, avait-il demandé de l'aide… encore. Son médecin l'avait alors orienté vers l'Hôpital… au début, il s'y était farouchement opposé. En réalité, il ne voulait pas appartenir à cette catégorie de personnes, celles qui vrillent. Et puis il n'était pas fou tout de même… et il avait fini par accepter en se disant qu'une coupure, un isolement ainsi qu'un traitement approprié l'aideraient à aller mieux.

Léopoldine l'avait écouté sans l'interrompre, dubitative. Si elle avait trouvé son histoire fort intéressante, elle devait reconnaître qu'elle y portait peu de crédibilité. Il avait énoncé ses propos avec une vitesse impressionnante, comme un enfant qui récite mécaniquement un poème appris par cœur, sans comprendre le sens réel des mots. Intriguant, encore un énième mensonge, mais pourquoi ? Apparemment, lui non plus ne semblait pas vouloir qu'elle sache ce qu'il faisait ici. Et pouvait-elle lui en tenir rigueur ? Certainement pas, après tout, à chacun son histoire et elle ne pouvait qu'abonder en ce sens étant consciente d'un point fondamental : une fois que l'autre connaît ce qui vous a fragilisé, il ne vous voit plus jamais de la même manière et vous enferme effectivement dans une catégorie ou une case. Et elle, avait-elle vraiment envie de lui expliquer comment elle avait atterri ici ? Pouvait-elle encore se fier à son propre jugement ? Il fallait bien reconnaître qu'elle avait une fâcheuse tendance à la paranoïa. Soit. Il n'avait probablement pas tout dit, ou déguisé une partie de la vérité, mais pour le moment il ne devait pas être prêt à se dévoiler.

« Voilà. Vous ne dites rien ? »

— Non, qu'y aurait-il à ajouter ? C'est votre histoire Vic, c'est un fait. Et puis ce serait tellement plus simple si parfois on pouvait tout réécrire, non ?

Il parut gêné, l'ombre d'un instant. Plus de doute, il lui mentait. Il était donc hors de question qu'elle se livre à lui !

— Et vous alors... pourquoi vous êtes ici au juste ? demanda-t-il.

— Je vous suggère de demander à vos copines infirmières, puisqu'apparemment elles ne semblent pas enclines à respecter leur devoir de confidentialité.

— Sérieusement, elles m'ont juste donné votre prénom, elles n'ont quand même pas violé un secret d'État ou médical ?

Léopoldine ne répondit pas.

— Allez, arrêtez d'être toujours sur la défensive. Allez-y, vous avez peur de me choquer ?

Après un long silence, elle finit par répondre « c'était à la suite d'un malentendu. Personne ne daigne m'écouter ou me croire alors à quoi bon en discuter ? Aucune envie de perdre mon temps avec ça. »

— Dites-moi, au contraire... ce n'est pas comme si en plus on avait un éventail d'activités à faire ici. Allez, lâchez-vous, je vous promets de ne porter aucun jugement.

— Ne faites pas de promesse, que vous n'êtes pas certain de tenir... Vic... ça, c'est vraiment quelque chose qui m'insupporte chez l'être humain. Personne ne mesure le poids d'un mot, des mots... il ne faut jamais s'engager sur un chemin que l'on n'est pas sûr de prendre. Ça peut être très blessant pour la personne en face, vous comprenez ?

Puis elle ajouta avant de se lever : « Vous êtes vraiment gentil, et je sais que je ne prends pas toujours le temps d'être courtoise. Mais j'ai besoin d'être un peu seule. Rassurez-vous, je pense que les occasions pour échanger ne manqueront pas. Vous avez raison, on va en avoir du temps à tirer ici... Mais on en parlera une autre fois, d'accord ? »

Cette fois-ci, il ne tenta même pas de la suivre, il se contenta de la regarder s'éloigner, les mains dans les poches et les yeux rivés au sol. Elle avait fourni un réel effort pour ne pas être désagréable, et il s'en voulut de lui avoir menti. Fort heureusement, elle n'avait pas semblé relever quoi que ce soit. Mais il ne pouvait décemment pas lui dire la vérité. Quoique, elle semblait différente. Il savait bien qu'elle jouait les froides et les effrontées, et qu'elle allait sans doute l'envoyer sur les roses encore un moment. Mais rien à faire, cette fille l'intriguait vraiment et il était incapable de savoir pourquoi.

Le lendemain, Léopoldine s'était réveillée aux aurores. La veille, elle s'était sentie littéralement aspirée par ce sommeil chimique et avait tenté de lutter pour ne pas y sombrer. Après des années d'insomnie, elle n'était pas habituée à demeurer allongée aussi longtemps et elle estimait ainsi avoir eu son quota de repos pour plusieurs jours. Bien que coutumière des somnifères, elle ne supportait en réalité plus le brouillard dans lequel son cerveau baignait depuis son arrivée ici. Elle avait le sentiment de perdre littéralement le contrôle de ses pensées et de son psychisme. Aussi avait-elle pris la décision de ne plus respecter son traitement médicamenteux. Cette simple analyse logique la conforta dans l'idée qu'elle était bel et bien saine d'esprit et qu'elle n'avait rien à faire ici. Bien entendu, elle devrait se montrer des plus discrètes, des fois que sa résolution lumineuse lui vaille une prolongation de séjour. Enfin séjour… était-ce le terme adéquat ? Car finalement, n'était-ce pas une forme de peine, non carcérale mais médicale ? Lors du passage des infirmières, elle avait mis les cachets dans sa bouche et avait feint de les avaler. Fort heureusement, elle n'était pas dans un film américain et n'était pas considérée comme ayant une pathologie trop lourde, aussi personne ne vérifia réellement si la prise avait été effective. Parfait. D'ici peu, elle l'aurait retrouvé en intégralité, son précieux discernement. Du moins, elle l'espérait.

Chapitre VIII

Comme chaque jour depuis son arrivée, Léopoldine devait se rendre à une séance avec son psychiatre. Si elle se prêtait aussi docilement au jeu, c'était tout simplement parce qu'elle n'en avait pas le choix. Elle avait effectivement bien compris que pour sortir d'ici, collaborer lui serait indispensable. Elle gardait un souvenir relativement confus de ses premières entrevues avec le praticien, seulement l'ombre de certaines sensations de malaise.

Complètement shootée, il lui semblait vaguement avoir répondu laconiquement aux questions qui lui étaient posées. Mais combien de temps cela avait-il pu durer, elle n'aurait su le dire, tant elle était encore perdue dans le brouillard de la temporalité.

Comme elle avait cessé de prendre son traitement pour soigner sa mystérieuse maladie inconnue, Léopoldine était tout à fait consciente que les futures séances avec le thérapeute seraient compliquées. Il ne fallait surtout pas que ses émotions et ses colères fraîchement retrouvées trahissent son retour parmi le monde des vivants. Mais elle trouvait surtout ce petit défi amusant, et elle pourrait ainsi évaluer ses talents de comédienne. Qui sait ce que l'avenir lui réservait… aurait-elle pu se douter participer à un tel acte un jour ? Certainement pas.

Tandis que Léopoldine s'installait sagement sur la chaise en face du Docteur Klement, elle sentit poindre en elle les signes indicateurs d'une forte contrariété, comme ces petits séismes qui précèdent souvent les éruptions volcaniques. La plupart de ses sens étaient en alerte, mais elle ne sut déterminer si elle était plutôt méfiante ou sur la défensive. Elle tenta de ne pas prêter attention à cette petite voix qui hurlait à l'intérieur d'elle, elle devait vraiment se concentrer pour être digne de décrocher le prochain oscar. Déjà, en temps normal, il fallait bien reconnaître qu'elle n'aimait pas beaucoup les psys… mais dans ce contexte, son sentiment était exacerbé. Ce qui l'agaçait profondément, était le fait qu'elle trouvait cela plutôt incroyable qu'un individu puisse déterminer à raison de quelques séances si elle était bel et bien un danger pour elle-même ou pour la société, car c'était bien de cela qu'il s'agissait : coller une étiquette, encore. Non, mais il se prenait pour qui celui-là ? Il pouvait faire toutes les études qu'il voulait, il n'empêche que son diagnostic serait forcément posé subjectivement, en fonction de ses propres schémas et ressentis personnels. Même dans les plus grandes affaires criminelles, les psychiatres ne parvenaient jamais à tomber d'accord sur la personnalité de l'auteur des faits. Laissaient-ils place au doute parfois, ou étaient-ils toujours aussi sûrs d'eux ? Comment pouvait-on réellement interpréter des silences ou des paroles ? L'éventail de possibilités était énorme alors pourquoi un individu plutôt qu'un autre détiendrait la vérité universelle ?

Si certains étaient impressionnés par le savoir des psychanalystes, cela n'était clairement pas le cas de Léopoldine, qui les considérait comme des êtres dont l'ego surpassait de loin la conscience professionnelle. Sans doute s'étaient-ils lancés jadis dans cette voie avec une réelle volonté d'apporter de l'aide à leur prochain. Sans doute étaient-ils rentrés plus d'une fois démunis et épuisés de devoir porter le fardeau de parfaits inconnus, qui déversaient littéralement leur charge mentale sur eux. Alors, comment tenir face à cela ? Pouvait-on les blâmer de devoir se forger une carapace, ou de devoir maintenir une distance psychique avant de finalement accepter que l'on ne puisse aider tout le monde ? Ou était-ce plus simple de céder à la tentation de jouer à dieu avec la vie de malades, en profitant allègrement de l'image et du prestige que la société accordait aux individus exerçant une telle fonction ?

Analyse tranchée et peu subtile très probablement… mais la vérité est que Léopoldine avait besoin de se libérer de son sentiment d'injustice, et dénigrer la personne qui tenait la suite de son existence entre ses mains lui apparaissait comme étant salutaire.

Mais elle le savait bien. Si elle voulait sortir d'ici, le docteur Klement devait devenir son allier.

— Vous m'avez l'air nettement plus détendue aujourd'hui, Léopoldine.

— Merci. C'est le cas, je crois.

— Comment vous pourriez expliquer ce changement ?

— Je ne sais pas… je crois… je crois que j'accepte tout doucement l'idée d'être ici. Je suis toujours en colère, mais moins.

— En colère, donc. Et si nous reprenions depuis le début alors ? Vous voulez bien ?

— Le début ? Quoi… genre… depuis mon enfance ?

— Pas aussi loin pour le moment, nous pouvons tout simplement aborder un événement plus récent. Et si vous me racontiez comment vous êtes arrivée ici ? dit-il en souriant.

Léopoldine fit mine de réfléchir et tenta de conserver une voix neutre et monocorde. Après tout, elle était toujours supposée prendre un traitement et il lui tenait à cœur de vraiment coller à son personnage : « Vous le savez bien, je me rappelle avoir vu votre visage quand je suis sortie de l'ambulance. »

— C'est vrai, je suis toujours là pour accueillir les futurs résidents. Cela peut aider à installer un climat de confiance.

« Vachement efficace comme technique », se dit-elle, moqueuse.

— J'aimerais entendre à nouveau ce qui pour vous s'est joué ce soir-là. Vous pouvez fermer les yeux si cela vous paraît plus simple. Faites comme si vous racontiez votre soirée à une amie. Vous avez vécu cette expérience de l'intérieur, moi je n'étais qu'un témoin extérieur arrivé à la fin de la crise.

« Et nos interprétations sont clairement divergentes », pensa-t-elle. Et justement, c'était bien là que résidait tout le problème, l'avis du praticien avait plus de poids que le sien.

— Bon. J'ai consommé des médicaments avec de l'alcool, ce qui visiblement aux yeux de la société est condamnable, et qui laisse à supposer que je souffre de lourds troubles psychiques.

— C'est vraiment comme ça que vous le raconteriez à une amie ?

— Non, je n'ai pas besoin de faire cela. À vrai dire, ça fait des années qu'il m'arrive de faire ça et personne n'en a jamais été choqué. Enfin, apparemment si, puisqu'au final, je me trouve ici maintenant.

— Bon, très bien, c'est votre vision de votre expérience, et je vous remercie de la partager avec moi. Mais est-ce vraiment la consommation d'alcool et de médicaments qui a déclenché votre séjour ici ?

Léopoldine fut saisie d'un doute. Rapidement, elle se refit mentalement tous les événements de la soirée. À quel moment, la situation lui avait-elle échappé ?

— Prenez votre temps pour répondre surtout, reprit le psychiatre.

— … je me suis peut-être un peu énervée, oui.

— Un peu énervée ?

— Oui.

— Vous avez giflé un pompier… je crois que le terme énervement est peut-être en dessous de la vérité, vous ne croyez pas ? Vous vous souvenez de tout cela ?

— J'ai aussi essayé de mordre un policier. Vous voyez bien que je me souviens de tout.

Le Docteur Klement ne put s'empêcher de sourire à nouveau. « Bon, pourquoi avoir pris ces médicaments, ce soir-là ? Vous m'avez l'air d'être une jeune femme intelligente, j'imagine que vous saviez que le mélange avec l'alcool pourrait entraîner des complications. »

Léopoldine prit le temps de respirer avant de répondre. Elle commençait à avoir vraiment du mal à dissimuler son agacement. S'il y avait bien une chose qu'elle ne supportait pas, c'est bien que l'on tente de l'infantiliser :

— Ça me paraît plutôt évident, Docteur. On prend des somnifères quand on veut dormir, je crois, non ? Écoutez, je le reconnais. Je sais qu'en théorie, oui, on ne mélange pas les deux. Mais pour être honnête, je le fais depuis des années, je vous l'ai pourtant dit. Vous ne pensez pas que j'aurais dû avoir des problèmes déjà, depuis tout ce temps ? Eh bien rien du tout ! Et, puisque vous voulez connaître absolument tous les détails, et bien je vous informe qu'en plus ce n'est même pas toujours efficace alors... Et puis merde je suis encore libre d'agir comme je l'entends, non ? Est-ce que toutes les personnes qui adoptent des conduites à risques finissent ici, ou quoi ?

— Restez calme Léopoldine, nous ne faisons que discuter. Vous me parlez de quiproquo depuis votre arrivée ici, j'entends bien. Mais je ne pourrais vous aider que si vous acceptez de me donner tous les éléments pour vous comprendre.

— Il me semble que c'est ce que je fais depuis le début, non ?

— Oui, vous êtes très participative c'est une bonne chose. Voyez-vous, lorsqu'on raconte une histoire, on le fait de son propre point de vue, de sa position, on va retranscrire ce que nos sens et nos yeux ont pu tous les deux interpréter. Par exemple, si nous assistions vous et moi à une même scène de vie, et que nous devions le retranscrire à d'autres, nos deux récits seraient différents. Savez-vous pourquoi ?

— J'imagine que nous ne retiendrions peut-être pas les mêmes détails de la scène ?

— Oui aussi, mais surtout parce que nous sommes influencés par notre propre vécu, nos expériences ou traumatismes. Il serait alors tout à fait possible, sans s'en rendre compte, de déformer la réalité.

— Pardon ? Et puis la réalité de qui au juste ? Quelqu'un a-t-il le monopole de la juste interprétation du monde ?

— Non, bien entendu, mais il y a tout de même des évidences. Par exemple, aujourd'hui, vous portez un pull rouge...

— Un pull rouge ? Vous êtes sûr ? Allez donc dire cela à un daltonien...

— Vous êtes en colère je le conçois, et sachez que vous n'êtes pas responsable de ce qu'il se passe, ni de ce que vous ressentez. Je ne suis pas là pour vous juger, uniquement pour vous aider à vaincre votre fragilité. Nous prendrons le temps qu'il...

— Ma fragilité ? Je ne suis pas plus fragile qu'une autre, mais je vois très bien, où vous voulez en venir ! s'énerva-t-elle.

— Alors, dites-le-moi. Où, selon vous, je souhaite vous emmener ?

— Vous voulez que je vous dise que j'ai fait une TS.

— Pardon ? s'étonna le docteur Klement.

— TS, tentative de suicide, c'est bien comme cela que vous dites non ? Vous voudriez sans doute que je vous dise que je trouve que la vie est lourde, que je n'y trouve plus ma place. Éventuellement que je suis instable et que cette instabilité s'est traduite ce soir-là par une volonté de mettre un terme à toute cette mascarade, que me sentant trop épuisée par ce fardeau existentiel, j'ai voulu fuir tout ce quotidien oppressant, et que non je ne voulais pas mourir, mais seulement que tout s'arrête… ou un truc dans ce goût-là non ?

— Ce sont vos mots, Léopoldine, pas les miens. Êtes-vous en train de me dire à votre manière que c'est ce qu'il s'est passé ce jour-là ?

— Pas du tout, non, répondit-elle sèchement, agacée.

— Dans ce cas, reprenons ensemble depuis le début, je suis là pour vous aider.

— Mais vous n'arrêtez pas de me dire ça ! Et pourtant, vous n'écoutez même pas ce que je vous dis, c'est impressionnant ! Donc il faudrait que je vous dise ce que vous avez envie d'entendre c'est ça ?

Léopoldine s'était levée, et faisait les cent pas dans la pièce pour tenter de se calmer. Si par chance le docteur Klement, qui lui n'avait pas bougé d'un iota, n'avait pas encore remarqué qu'elle ne prenait plus aucun psychotrope, il allait sans doute se questionner sur le juste dosage de ce qu'il lui prescrivait.

— Vous êtes pire qu'un flic, reprit-elle plus calme.

Le psychiatre ne put s'empêcher de sourire et de dire : « Je ne suis pas là pour vous punir d'un quelconque méfait. Pourquoi me prenez-vous pour votre ennemi depuis le départ ? »

— Je ne vous fais pas confiance.

— Eh bien, j'espère que cela viendra.

— …

— Vous voulez bien que l'on reprenne… l'interrogatoire ?

— Vous vous trouvez drôle ?

— J'essayais de vous détendre. Bon, visiblement cela n'a pas eu l'effet escompté. De ce que j'ai pu lire dans le rapport, vous étiez dans un état second ce soir-là, aviez-vous pris autre chose que des somnifères, et de la vodka ?

— Quel cliché… C'était du vin rouge en réalité.

— Qu'est-ce qui vous a tellement mise en colère, quel est cet élément qui vous a fait sortir de vos gonds comme ça ?

— Non, mais sérieusement, vous êtes sourd ou quoi ? Je n'arrête pas de le répéter, ce que je voulais c'est dormir, juste dormir et on m'en a empêché !

Léopoldine avait pratiquement hurlé sa dernière phrase. En sortant du bureau du Docteur Klement, elle se sentait perturbée. Elle ne cessait d'analyser ce qu'il venait de se passer. Il lui arrivait fréquemment de perdre ses mots, ou de ne pas savoir se défendre lorsqu'elle était en colère. À vrai dire, il y avait toujours un écart impressionnant entre ses pensées des plus cohérentes et le flot de mots décousus qui sortaient alors de sa bouche. Mais quand bien même. Elle doutait. Un fou se rendait-il compte qu'il en était un ? Avait-elle raison de s'obstiner dans son raisonnement et de se voir comme étant saine d'esprit ? Et si finalement, ils avaient tous raison, et qu'elle avait bien vrillé ? Pire encore, si tout ce qu'elle avait vécu jusque-là n'était que le fruit de son imagination, et qu'elle était malade depuis toujours ?

Chapitre IX

Léopoldine avait le sentiment d'avoir perdu une manche, mais une des plus importantes. Elle était finalement plus ébranlée qu'elle ne voulait bien le reconnaître. Elle avait passé les heures qui avaient suivi sa séance à reconstituer les événements de ce soir-là. Cet abruti était parvenu à faire naître un doute en elle, et plus elle tentait de s'autoanalyser, plus elle se perdait dans ses pensées et ses raisonnements. Elle avait rendez-vous avec le juge des libertés deux jours plus tard, afin de constater si son état lui permettrait de sortir.

Jusqu'à son dernier rendez-vous avec le psychiatre, elle ne doutait aucunement de ses chances, mais désormais, c'était différent, et elle commençait réellement à se sentir découragée. Pire encore, elle redoutait ses incontrôlables coups d'éclats souvent disproportionnés.

Son humeur était également alourdie par un fort sentiment d'ennui, une routine dictée par les besoins primaires ou les prises de médicaments, qu'elle simulait d'ailleurs toujours avec brio. Enfin, quelque chose où elle se sentait exceller. Mais était-ce bien raisonnable ? Elle ne parvenait pas à lire, trop préoccupée par sa situation, alors pour passer le temps, elle tentait de lier contact avec certains résidents.

En un sens, cela lui rappelait son travail de greffière… et cela lui manquait cruellement, tant elle était fière de sa fonction. Elle en avait rêvé de ce poste, elle avait tout investi humainement pour y parvenir. Elle se levait toujours avec la boule au ventre, mais point celle de la peur, celle de l'excitation parce qu'elle avait la sensation de faire quelque chose qui avait du sens pour elle et pour la société. Elle avait été affectée au service des protections de personne, et cela apportait une dose de chaleur et d'humanité à son quotidien, contrebalançant parfaitement avec l'univers austère des tribunaux. Pas un jour, elle n'était rentrée chez elle sans ce sentiment d'avoir été utile, ou sans avoir appris quelque chose. Et justement, ses connaissances sur la gestion des hospitalisations psychiatriques étaient devenues étendues avec les années. Léopoldine fut envahie d'un sentiment de honte, en imaginant que sur son propre lieu de travail, se trouverait désormais un dossier avec son nom et diverses informations purement personnelles, auxquelles ses propres collègues ou supérieurs pourraient avoir accès. Certes, ils s'étaient toujours montrés bienveillants à son égard, mais parfois la curiosité l'emportait sur tout. Un viol pur de son intimité. Sa sortie n'était finalement peut-être pas gagnée. À tous les coups, elle perdrait son emploi dans les mois à venir, son emploi, sa raison d'exister. Qu'allait-elle faire ensuite ? Qu'avait-elle donc d'autre dans sa vie qui la comblait ? Non, finalement, peut-être valait-il mieux ne jamais sortir de cet endroit, et attendre que la vie passe ainsi. Elle finirait par mourir d'ennui, de vide… jamais elle n'aurait la force de tout recommencer à zéro. Jamais. Et tout ça, pour un sombre quiproquo. Elle ne leur pardonnerait jamais, jamais à ses proches de l'avoir envoyée ici. Juste pour être tranquille, alors qu'elle n'avait rien demandé à personne. Était-ce un crime que de vouloir gérer sa vie à sa guise, qui étaient-ils pour se permettre de choisir pour elle un chemin à suivre et une façon d'y marcher ? Et si elle avait envie de galoper en dehors des sentiers battus, où était le problème ? Léopoldine réalisait avec colère que sous couvert d'une fausse bienveillance, des individus qui lui étaient chers venaient de réduire tout ce qu'elle avait construit à néant en quelques minutes à peine. Originale, elle l'était certes, du moins elle pouvait l'entendre. Mais instable, certainement pas !

En guise de représailles, elle avait refusé jusqu'à ce jour toute demande de visite et d'appel téléphonique. Elle se sentait trahie et incomprise, et ne voulait parler à personne. Léopoldine savait bien qu'elle était une source de tensions au sein de sa famille. Elle ne disait rien, mais pouvait lire aisément dans le regard de ses proches le sentiment de déception qu'elle leur inspirait. Oui, elle était différente et n'aspirait pas à une vie classique, elle rêvait d'aventures épiques, d'un quotidien ponctué de folie, et refusait d'aller vers un destin qui ne lui ressemblait pas, composé de prêt immobilier et de biberons.

Oui, elle revendiquait ses opinions, ce qui avait pu être source de conflits également. Mais jamais elle ne se permettait de critiquer le choix de ses semblables, et aspirait à ce qu'on la traite avec le même égard. Soit. Elle continuerait son chemin, mais sans eux.

Léopoldine secoua sa tête, comme pour chasser ses pensées, et sortit s'aérer dans le parc. Installée sur son banc, elle adopta sa position favorite et ferma les yeux.

Elle sentit une légère pression à côté d'elle. Victor. Bien qu'il l'agaçât toujours, voir apparaître ce visage familier et neutre l'apaisa immédiatement. Comment pouvait-il encore revenir lui parler, alors qu'elle passait son temps à être odieuse ou à vider ses nerfs sur lui ?

— Bonjour.

— Bonjour, Victor.

Victor patienta avant d'ajouter timidement : « C'est tout ? »

— Comment ça ?

— Quoi, même pas une phrase cinglante, aucune brimade, ni même un regard noir ? Je suis déçu, je m'étais presque accoutumé à ces accueils des plus sympathiques !

Léopoldine sourit :

— Oui, c'est vrai. Je vous dois des excuses à ce sujet d'ailleurs. Je me demandais si vous étiez encore là, cela faisait un moment que je ne vous avais pas vu.

— À peine quelques heures, je crois que le temps s'égrène différemment ici. On ne pourrait pas se tutoyer franchement ?

— Oui, pas de problème.

— Ben dit donc… ça ne doit pas aller fort hein…

— Je ne suis pas sûre de comprendre…

— Trop chaleureuse. Enfin si l'on se réfère à ton échelle personnelle !

— Pas d'inspiration aujourd'hui.

— Non, il y a autre chose, même démunie de toute inspiration, tu aurais trouvé un prétexte pour m'envoyer dans mes filets. Bon… tu ne me diras pas ce qui te préoccupe, je me trompe ?

— Là, nous sommes pour une fois sur la même longueur d'onde.

Un ange passa… encore… était-ce d'ailleurs toujours le même ? Victor voulait tenter de changer les idées de sa comparse, elle semblait vraiment abattue et il ne pouvait s'empêcher dc se faire du souci pour elle. Aussi, lui proposa-t-il de sortir faire un tour, en dehors de ces murs et ce parc charmant certes, mais limitant. Elle lui répondit fermement par la négative.

— Je ne prétends pas que cela va résoudre tes problèmes, mais au moins tu te changeras les idées. Allez, Léo !

— Léo ? Alors on passe du tutoiement au petit surnom en moins de 12 secondes ?

— Parfait, je te retrouve enfin, dit Victor en souriant. Bon, moi, je vais aller faire un tour au village.

— Non, mais écoute toi, on te croirait en vacances. Mais attends une minute, tu es sérieux, tu as le droit de sortir, toi ?

— Oui, évidemment ! Attends, on n'est pas à Guantanamo quand même !

— Pas si évident que ça en fait. Moi, je ne peux pas, interdit légalement pour mon cas. Mais pour te répondre, si, je rêve en réalité de sortir d'ici, de voir autre chose que ce putain de parc, de m'installer en terrasse et de boire une bonne bière fraîche. Tu sais une brune bien corsée… après j'irais au restaurant et je m'enfilerais un énorme cordon bleu, avec en dessert une bonne tarte au…

— Attends, attends… si je comprends bien, tu n'es pas là en hospitalisation libre ?

— C'est ça. Mais je suis ravie que cela t'étonne, ça veut dire que je n'ai peut-être pas l'air si tarée que ça finalement.

Victor sourit : « Forcément un peu, sinon je ne te suivrais pas comme ça. »

Chapitre X

C'était devenu un petit rituel désormais. De se retrouver chaque jour dans ce magnifique espace vert pour discuter, échanger, fumer des cigarettes, refaire le monde. Contre toute attente, Victor n'avait pas cherché à connaître la raison exacte de la présence de Léopoldine au sein de l'hôpital. Elle qui s'était si bien habituée aux questions intrusives du jeune homme en fût presque déçue.

Puis ce fut le grand jour, celui de l'entrevue avec le Juge des Libertés, que Léopoldine avait tellement attendu et mentalement préparé. Le moins que l'on puisse dire, c'est que tout ne s'était pas vraiment déroulé comme elle l'avait escompté. Elle avait rapidement compris qu'elle était seule à plaider sa cause, et qu'avant même que les portes ne s'ouvrent, son cas avait déjà était étudié, interprété et surtout, délibéré. Soit. Tant de préparation d'argumentation pour rien. Alors, se sentant acculée, elle s'était dit que quitte à passer pour folle, autant se jeter franchement dans l'arène. Elle n'y était pas allée de main morte et au moins là, oui, elle consentait à reconnaître que cette fois, sa place au sein de l'établissement était bien justifiée !

Quelques heures plus tard, elle était allée retrouver son compère sur leur banc. Elle avait fini par le mettre dans la confidence, du moins partiellement. Elle appréciait qu'il se contente des éléments qu'elle lui fournissait.

Ainsi, s'il ignorait toujours les événements qui l'avaient conduit ici, il savait en revanche qu'elle devait passer sur le grill judiciaire ce jour.

— Bon… et tu lui as dit quoi au juge ? demanda Victor.

— La juge, en fait, c'était une femme. Plus petite que moi, mais quel sens de l'autorité ! Et cela fut tout le problème, j'y ai toujours été réfractaire… dommage, dommage…

— Léo, allez, raconte.

— En plus, je suis à peu près certaine qu'elle était plus jeune que moi, cette garce !

— Léo !

— OK, OK ! Écoute je lui ai simplement expliqué mon point de vue sur cette situation ubuesque, mais à ma manière quoi…

— Humm… je n'ose pas imaginer… qu'est-ce que tu as fait ? Victor eut du mal à conserver son air grave, mais ses yeux trahissaient son amusement grandissant.

— Tu vas aimer… et bien, comme personne ne semblait vouloir m'écouter, je pense que pour le coup j'ai réussi à attirer l'attention de tout le monde…

— …

— Inutile de paniquer ! Je lui ai simplement suggéré de mettre son code de la santé quelque part dans sa petite personne.

— Non, tu n'as pas fait ça !

— …

— Merde si, tu l'as fait… mais tu sais que ça peut aller loin cette affaire ! Tu peux être condamnée pour ça !

Léopoldine ferma les yeux et projeta sa tête en arrière pour mieux profiter du soleil : « Mais non, relax, et rappelle-toi, je suis en pleine décompensation, je ne suis donc plus en pleine possession de mes capacités psychiques. C'est pratique, je peux dire presque tout ce que je veux… »

Victor voulut savoir ce que la magistrate avait rétorqué, et alors qu'il aurait dû se montrer solidaire et outré face aux méandres de la justice, il ne put s'empêcher d'éprouver du soulagement, lorsqu'elle lui énonça le verdict :

— Arrête de t'inquiéter pour rien, je suis juste coincée ici encore un peu plus longtemps, mon Vic, voilà tout.

— Mon Vic… dit-il en souriant.

— Ne commence pas à te faire des films surtout, et arrête tout de suite avec ce sourire niais… tu sais comment on se sent dans ces moments-là, dopée à l'endorphine après une situation aussi excitante… l'euphorie prend les commandes, et on dit n'importe quoi… on aime tout le monde, rien n'est grave… un peu comme quand on a picolé… et crois-moi j'aurais bien mérité une récompense pour ne pas m'être jetée au cou de cette nana…

— Suis-moi, dit-il en se levant.

Bien qu'ayant une fâcheuse tendance à être réfractaire à toute forme d'autorité, Léopoldine s'exécuta pour une fois docilement, poussée par sa curiosité. Arrivés aux pieds du bâtiment où logeait Victor, il lui demanda de l'attendre, s'engouffra dans les escaliers de l'entrée principale et ne redescendit que quelques minutes plus tard, sourire aux lèvres. Mais qu'est-ce qu'il pouvait bien manigancer… c'est alors qu'elle remarqua qu'il tentait de dissimuler un petit sac en toile.

D'un signe de tête, il l'invita à continuer à le suivre, et ils finirent enfin par s'installer dans un coin d'herbe, au fond du parc. L'hôpital avait été construit sur une colline et offrait une vue imprenable sur la vallée alsacienne. Surtout, de là où ils étaient, ils pouvaient voir arriver n'importe qui avec une avance considérable. Victor voulait prolonger son effet de surprise, aussi, conserva-t-il le silence un long moment, sourire aux lèvres. Puis il se mit fébrilement à tourner la tête de droite à gauche, afin d'être sûr que personne ne les observait : « Tu te rappelles ma petite virée de l'autre jour, celle où tu n'as pas pu m'accompagner ? »

Léopoldine acquiesça, sourcils froncés, de plus en plus intriguée : « Bien. Ça, c'est pour toi », dit-il en déposant son sac de toile aux pieds de sa comparse.

Elle saisit doucement son nouveau bien, et comprit qu'il contenait quelque chose. Mais quel était donc ce trésor ? Elle ouvrit alors délicatement le sac, y plongea la main et fouilla avec douceur. Après quelques secondes de tâtonnement, ses doigts touchèrent du tissu qui semblait envelopper quelque chose… un objet froid, du verre… cylindrique apparemment. Sa curiosité était trop grande, et elle sortit l'objet au grand jour… incroyable ! Une bouteille de bière. Léopoldine fut partagée entre l'étonnement et l'envie d'éclater de rire, avant de réaliser ce qu'il avait fait, à savoir enfreindre tous les règlements de l'établissement :

— Mais t'es complètement malade ! On n'a pas le droit de ramener de l'alcool ici !

— Dis donc tu me fais la morale, alors que tu as insulté un magistrat dans un passé pas si lointain que ça ? En plus, toi tu ne risques rien, puisque techniquement, c'est moi qui l'ai ramenée, cette bouteille.

— C'est malin.

— Tu ne crains pas l'autorité. Ça, j'ai bien compris. Et franchement, tu m'as l'air un peu trop coriace pour t'effondrer avec quelques gorgées de bière… alors, fais-toi plaisir !

— Tu es vraiment un psychopathe, imagine avec les médocs, le cocktail pourrait être explosif.

— Ce serait tout à fait probable. Mais on ne le saura jamais finalement, puisque si je ne m'abuse, tu ne les prends plus depuis un moment non ?

« Qu'est-ce qui te fait dire ça ? » demanda Léopoldine, soudainement suspicieuse.

Victor ne répondit pas tout de suite. Il lui prit la bouteille des mains et l'ouvrit doucement avec l'aide de son briquet, technique connue de tout bon fumeur qui a l'habitude de passer ses soirées dans les bars, avant de lui tendre.

— Tes pupilles. Ça fait un moment que j'ai remarqué qu'elles n'étaient plus ni fixes ni dilatées.

— Ah, bien joué, je m'incline. Mauvais calcul hein… cela ne m'avait même pas traversé l'esprit… mais attends une minute ! Si toi tu as remarqué, alors j'imagine que…

— … Que l'équipe médicale ne va pas tarder à le remarquer aussi, si ce n'est déjà fait. Pourquoi cela t'effraye tellement ? Ça irait dans ton sens, non ?

— Cela prouve surtout qu'on traite avant de chercher ce qu'il faut soigner. Tu balancerais toi une chimio, sans même qu'on soit sûr que c'est un cancer ? C'est incohérent. Bien entendu que les médicaments sont nécessaires, mais je ne suis pas certaine que pour soigner, on doit passer par un contrôle et un endormissement du cerveau. Tu me suis ?

— C'est une théorie oui. Mais cela prouverait tout simplement une chose, c'est que tu n'en as pas besoin, et qu'on aurait peut-être mieux fait de te croire quand tu disais que tu n'avais rien à faire ici… Cela dit, je tiens à préciser que je n'en doutais pas vraiment. Sauf la première fois que je t'ai vue. Entre tes cernes, et ta paranoïa… là-bas sur la montagne… Bon, tu le goûtes pas ton cadeau ?

Léopoldine décapsula avec une certaine avidité la bouteille, et, veillant à ce qu'elle ne sorte pas du sac, se pencha pour aspirer la mousse. Ne surtout pas se faire prendre, mais plus important encore… ne surtout pas perdre une goutte ! Qu'est-ce que ça pouvait être divin ! La vie est ainsi faite… Le bonheur se dissimule finalement dans les choses les plus simples, il suffit de prendre le temps de les remarquer. Voilà, ça y est, qu'elle commençait à philosopher maintenant…

Revenant doucement sur terre, elle remarqua que Victor l'observait, mais ne buvait rien.

— Tu ne m'accompagnes pas ? demanda-t-elle.

— Non, on n'est pas tous des allergiques à la discipline comme toi, Léo. Je suis toujours sous traitement, moi, dit-il dans un sourire.

— Et si tu changeais de ton ? Ce n'est pas moi normalement qui suis supposée être la castratrice dans notre duo ? Plus sérieusement… merci beaucoup pour ton attention, ajouta-t-elle timidement.

Elle aurait eu envie de poursuivre, mais les mots ne sortaient plus. Elle aurait voulu rajouter que c'était finalement un cadeau bien étrange, que normalement, aux filles, on leur offrait des fleurs ou du chocolat, pas de la bière, et qu'en cela, il avait vraiment de sérieux progrès à faire. Ou alors que pour un individu honnête qui respectait les règles, il avait quand même dû braver l'interdit pour lui ramener son précieux bien, alors qu'elle ne lui avait rien demandé après tout ! Mais elle n'avait pas envie de jouer la carte de la taquinerie cette fois, car cela aurait probablement gâché ce moment. Elle était sincèrement touchée. Touchée de se rendre compte que pour la première fois depuis longtemps quelqu'un avait pensé à elle, sans calcul, ni aucune attente en retour. Juste dans le but sincère de faire plaisir.

Cette simple pensée la bouleversa et elle sentit monter en elle une sensation étrange qu'elle n'avait pas perçue depuis un moment. Oui, c'était cela. La gorge nouée, une envie de baisser la tête, une chaleur dans les yeux qui conduisait inexorablement à l'étape de l'humidité croissante dans le coin de ses paupières… non… elle avait envie de pleurer… Était-ce possible ? Elle qui n'y était pas parvenue depuis si longtemps ! Qui blindait tout depuis de si longues années qu'elle pensait ne plus savoir comment déclencher les rouages de ce mécanisme si naturel et libérateur ?

Et pourtant plus jeune, c'était sa manière d'évacuer toutes ses peines et ses frustrations, un allié du quotidien. Et de manière assez inexplicable, depuis plusieurs années, plus rien ne sortait. Elle avalait et digérait tous les événements de sa vie, comme tout un chacun, mais tout semblait vouloir rester enfermé en elle.

Comme si la machine s'était cassée. Elle ne ressentait rien, mais où pouvaient passer tous ces maux, accumulés dans chaque cellule de son être ? Elle se disait souvent qu'elle n'était peut-être pas humaine, ou pire, qu'un jour elle finirait par se surprendre à exploser. Était-ce aujourd'hui ? Car là, elle sentait que le barrage était en train de céder. Et sans même avoir eu le temps de les contrôler, les flots se déchaînèrent soudainement, libérés, et elle éclata en sanglots.

De son côté, Victor n'avait rien compris de ce qui venait de se jouer dans la tête de sa compère. Comment l'aurait-il pu ? Aussi, surpris,

Victor ne sut comment réagir. Avait-il eu un moment d'absence ? Comment un tel sourire avait-il pu s'effacer en quelques secondes ? Mais surtout quelle attitude adopter ? Spontanément, il eut envie de la serrer contre lui pour manifester chaleur et soutien, mais il savait qu'elle ne l'aurait jamais laissé faire.

Il savait qu'elle ne le laisserait pas l'approcher ou la prendre dans ses bras, ce n'était pas son genre. Mais en vérité, il mourrait d'envie de la rassurer, de lui dire que tout irait bien, qu'elle avait le droit d'être triste, qu'elle devait arrêter de tout contrôler, qu'être fragile était parfois légitime et que cela ne rendait personne moins fort. Bref, toutes ces choses qu'il avait apprises depuis qu'il était ici, toutes ces choses qui l'apaisaient peu à peu et qui le reconnectaient à lui-même. Mais pour le moment, elle n'était pas prête à l'entendre, il le sentait, et préféra tenter l'humour : « Tu sais, si tu te mets dans cet état pour une bouteille de bière, je me félicite de ne pas t'avoir ramené du Bordeaux ».

Elle ne put s'empêcher de glousser entre deux sanglots. Puis d'un coup, sans prévenir, elle voulut partir, s'effondrer seule, sans témoin, laisser libre cours à ce flot qui la rendait si mal à l'aise. Ce revirement mental soudain lui donna un air hystérique. Elle tenta de se lever, mais fut stoppée net par son comparse.

« Lâche-moi, tu m'oppresses… mais lâche-moi, je te dis ! » hurla-t-elle presque. Surpris par cet élan de colère, il relâcha son emprise et la regarda, interdit, s'éloigner d'un pas rapide. Finalement, n'était-elle pas un peu folle ?

Léopoldine passa le reste de sa journée isolée dans sa chambre, à pleurer. Le flot semblait ne plus vouloir s'arrêter, et cela lui faisait paradoxalement un bien fou. Elle craignait tellement que la machine s'enraye à nouveau, qu'elle poussait le vice jusqu'à s'imaginer des scénarios improbables de souffrance qui la faisaient redoubler de sanglots, mais qui lui assuraient au moins une évacuation totale.

D'ailleurs, c'était un petit rituel qu'elle s'octroyait souvent lorsqu'elle était petite fille. Cela l'aidait à purger toutes ses émotions. C'est drôle. Elle n'y avait pas pensé depuis des années.

Elle entendit la porte de sa chambre s'ouvrir doucement. C'était Gilles, l'infirmier. Du moins un des nombreux infirmiers qui travaillaient ici. Elle leva la tête et remarqua immédiatement son air blasé. Sans doute devait-il entamer son service nocturne. Elle aimait bien Gilles, elle le trouvait intéressant. Un jour au détour d'une banale conversation, il lui avait avoué qu'il avait une passion pour l'aéronautique. Depuis, elle le questionnait souvent sur le sujet, mais pour être honnête, elle ne comprenait absolument rien à ce qu'il tentait de lui expliquer et elle trouvait cela plutôt rébarbatif. Gilles était alors tellement passionné par son sujet, qu'il ne s'en apercevait même pas. En réalité, Léopoldine était fascinée par le débit incessant de ces paroles sous lesquelles se cachait une montagne de culture. C'était tellement beau de voir un individu viscéralement animé par un projet ou une passion, sans doute était-ce la clé pour supporter un quotidien difficile.

— Eh bien, ça n'a pas l'air d'aller très fort aujourd'hui, dit Gilles de sa voix forte, ce que ça aussi elle appréciait.

— Je sais de quoi ça a l'air, comme ça, de l'extérieur, mais crois-moi, Gilles, en fait tout va plutôt bien.

— Généralement lorsqu'on va bien, on a tendance à afficher un sourire plutôt que des larmes, non ? Tu sais que si tu veux en parler, ma porte t'est toujours ouverte. Tu ne me déranges pas, bien au contraire. Mais je ne peux et ne veux te forcer en rien bien sûr.

— Je vais bien, je suis juste en train d'évacuer. Tu vois, tout est toujours une question d'interprétation.

Gilles sourit : « Bon et comment je suis supposé interpréter le fait que ton copain te cherche partout ? »

— Qui ça ?

— Le gars du bâtiment E. Celui avec qui tu traînes toute la journée… ajouta Gilles avec un sourire complice.

— Pitié… tu fais vraiment partie de ces gens qui pensent qu'une nana et un mec qui passent du temps ensemble sont forcément en couple ? Et tout à fait entre nous… Tu crois vraiment que j'ai envie de partir en chasse dans un endroit pareil ?

— Et bien, détrompe-toi Mademoiselle, nous assistons à la naissance de nombreux couples ici. Bon, si ce n'est pas ton copain, c'est qui alors ?

— Une bonne surprise.

Léopoldine décida d'attendre le lendemain pour retrouver Victor. Mais après son improbable et finalement, répétitive fuite de la veille, il fallait bien reconnaître qu'elle appréhendait la confrontation cette fois. Enfin confrontation… pourquoi forcément imaginer le pire des scénarios ?

Peut-être s'attendrait-il à des excuses ? Mais pourquoi diable en présenterait-elle après tout ? Sans doute parce qu'elle avait dû le heurter tout simplement. Même si cela avait échappé à son contrôle, il n'en demeurait pas moins qu'elle avait littéralement ruiné sa surprise, et qu'il avait dû la prendre pour une individue bien ingrate… Certes, elle lui devrait donc au minima des explications, mais à sa grande surprise, Victor ne fit aucun commentaire lorsqu'il vit Léopoldine arriver à leur lieu de rendez-vous habituel, et l'accueillit même avec un sourire chaleureux.

— Tu veux la bonne nouvelle, Léo ? Le psy a accepté de réduire le dosage de mon traitement.

— Tu m'appelles encore comme ça…

— Tu ne veux plus ? Il suffit de me le dire, pas de polémique, j'arrêterai.

— Non, non au contraire, ça me rassure. Quand tu contraries quelqu'un, j'ai remarqué qu'on perdait le droit du surnom, au moins temporairement. Comme si d'un coup, on t'ôtait un privilège affectueux. C'est dur quand même.

— Merde, alors tu as vraiment un cœur… jusqu'à hier, j'avais un doute, ajouta-t-il pour la rassurer. Et il n'y a aucune raison d'être contrarié, mais je dois avouer que tu soignes de plus en plus tes sorties, c'est chouette.

— Évidemment ! Je suis touchée que tu soulignes mes efforts. Mine de rien, ce n'est pas évident de devoir sans cesse se renouveler. Mais attends, on s'éloigne du sujet… Tu es en train de me dire que sur toi, les séances ont un vrai effet ? Mais comment est-ce possible ? Ce type ne sert strictement à rien ! Si, pardon, il excelle vraiment quand il s'agit de t'embrouiller le cerveau, alors là, oui…

— Tu parles du psy ? Il a pourtant des méthodes qui fonctionnent, regarde-moi !

— Quels genres de méthodes ?

Victor conserva le silence quelques secondes, et ajouta, soudainement un peu gêné : « Ça dépend de ce qui est traité. Tu sais, les méthodes varient. Dans mon cas, ce sont plutôt des approches classiques, je dirais ».

Léopoldine l'observa, sans relever que sa réponse biaisée trahissait clairement une envie de dissimulation. Elle préféra lui signifier avec beaucoup de chaleur qu'il lui importait peu la manière de procéder et que l'essentiel pour elle finalement, c'était qu'il se sente bien.

« Je rêve, ou tu as l'air sincère ? Deux fois en moins de 24 heures, ça va être dur à digérer. »

Léopoldine lui répondit en riant franchement et en lui donnant un franc coup de poing dans l'épaule : « C'est bon, rassuré ? Je suis revenue à la raison, on dirait. »

Ils firent un long tour du parc. Victor appréciait cet endroit. Pour lui, cet hôpital était l'occasion d'un nouveau départ, les prémisses il l'espérait, d'une vie nouvelle. Combien de fois avait-il songé à aborder le sujet avec sa comparse ? À lui parler de ses angoisses ? Et de toutes ses entités qui cohabitaient en lui ? Fort heureusement, poussé par la peur d'un énième rejet, il s'était abstenu à chaque fois. Léopoldine réagirait probablement comme tout le monde autour de lui, elle prendrait peur et finalement observerait toujours cette distance polie, mais méfiante envers lui. Et finalement, à la réflexion, comment aurait-il pu lui en tenir rigueur ? Il ne savait lui-même d'où venait son trouble.

Enfin, si en théorie… c'était quelque chose de très humain de vouloir tout théoriser ou expliquer. Aussi avait-il cherché les origines de son mal. Il se rappelait uniquement que cela avait démarré lorsqu'il avait 28 ans… ou peut-être était-ce là depuis toujours… en y songeant bien, il avait toujours porté en lui ce sentiment de mal être, mais il ne pouvait alors mettre aucun nom dessus. Du moins, pas avant ses 28 ans… Là oui, il avait remarqué qu'un changement s'opérait en lui. C'est aussi à cet âge-là qu'il avait commencé à remarquer des choses étranges autour de lui.

Victor se sentait observé, et ayant cruellement besoin d'être rassuré, il lui arrivait parfois de l'évoquer avec certains de ses proches. Mais il avait vite mis un terme à ses confidences, non pas qu'il se sentait redondant avec le sujet, quoiqu'à la réflexion il dût l'être, mais il ne supportait plus leurs regards interrogateurs ou même parfois, effrayés. Désormais, il pouvait le comprendre, avant cela lui était impossible.

Et puis un soir, il avait fini par perdre pied. Alors qu'il rentrait chez lui en voiture, arpentant les routes sinueusement familières le menant chez lui, il avait été pris dans une course poursuite. Comment cela avait-il commencé ? Combien de fois avait-il réfléchi à cette soirée pour trouver l'élément déclencheur ? En y repensant, il se sentait suivi depuis plusieurs kilomètres déjà, mais ne parvenait pas à distinguer le véhicule derrière lui, pourtant il en était sûr, quelqu'un ou quelque chose l'avait pris en chasse. Il avait souvent eu cette sensation, mais cette fois-ci il savait que le danger était bien réel, et non issu de son imagination. Il se rappelait bien la suite, même si elle ne dura que quelques secondes qui semblèrent s'étirer dans l'éternité. Victor avait été envahi par la panique. Mais surtout par une forte lassitude… encore… la fois de trop sans doute… celle qui vous faisait perdre le contrôle de votre conscience tellement le besoin de fuite était grand. Dans son élan de peur, il avait voulu en finir avec ce fardeau, cette tension permanente, qui l'empêchait de mener une existence légère. C'est vrai, combien de fois avait-il fini par disparaître subitement en pleine soirée entre amis ou en famille, sentant la présence l'oppresser ? Combien de fois avait-il passé ses nuits, épuisé et effrayé, à observer, tapi dans le noir, la rue déserte en bas de chez lui, la guettant ? Combien de fois avait-il dû jeter son téléphone, se sachant pertinemment sur écoute ? Oui, quelque chose était après lui. Mais ce soir-là, il n'en pouvait plus et ne voyait plus d'échappatoire. Il n'en pouvait plus. Il avait alors donné un bref, mais efficace coup de volant vers la droite, et ne se souvenait que de l'arbre figé dans cette seconde avant l'impact.

Mais il s'était réveillé. Et à son grand étonnement, il constata que, non seulement, il était toujours en vie, mais que seules quelques côtes et son arcade sourcilière avaient été endommagées. Il avait alors dû consulter plusieurs médecins. Pourquoi se montraient-ils si curieux envers lui ? Victor avait expliqué en toute transparence ce qu'il vivait au quotidien, et avait été pour le moins intrigué par leur absence de réaction. Alors il avait compris ce que les regards neutres des praticiens trahissaient. Et il en avait conclu que ces salauds étaient probablement aussi de mèche… Et pourtant ! Ce fut justement l'un d'entre eux qui le libéra enfin de son fardeau, et qui lui fit prendre conscience que la chose dissimulait un mal bien plus grand. Ce n'était pas la première fois qu'il entendait parler de troubles psychiques, mais jamais il n'aurait imaginé un jour en être l'objet. Schizophrène, diagnostic brutal et sans appel. À l'annonce du verdict, car Victor eut alors bel et bien l'impression de recevoir une condamnation à perpétuité, il s'était effondré.

Donc c'était cela… quelle horreur… le voilà devenu cet être instable, au bord d'un vrillage perpétuel, en marge du monde, et prêt à attaquer tous ceux qui viendraient s'interposer entre son délire et lui-même. Il allait devoir passer le reste de sa vie à se méfier de la seule personne en qui il avait toujours eu confiance, lui.

Comment accepter l'inacceptable ? Il fut tellement pris de regrets, il aurait tant préféré y rester dans ce foutu accident, comme cela aurait été si simple et plus sécuritaire pour tout le monde ! Mais non, mais non… avait dit le médecin. Il fallait vraiment cesser avec cette croyance populaire que tous les schizophrènes étaient des psychopathes en puissance, avides de sang. La faute à Hollywood et ses très mauvais films insolemment caricaturaux selon lui. Le pourcentage de malades, oui c'était le mot qu'il avait employé, qui passait à l'acte était infime ou souffrait vraiment de profonds délires psychotiques. C'était tellement vaste la schizophrénie ! Voyons ! Il en existait tellement de formes différentes ! Et combien d'artistes ou de personnalités célèbres avaient été atteints de ce trouble, sans que personne ne s'en doute ? Les exemples étaient légion. Avec son traitement, il pourrait vivre une vie normale, comme il disait, et maîtriser même les apparitions de la chose.

Parfait. L'espoir avait pu renaître. Tout rentrerait donc dans l'ordre. Se calmer. Respirer. Tout redeviendrait enfin simple. Une piqûre toutes les 3 semaines. OK. Un suivi avec un psychiatre. C'était jouable. L'affaire serait vite réglée, juste de nouvelles habitudes à prendre.

Après tout, combien d'individus prenaient quotidiennement divers cachets, que ce soit pour des problèmes de santé mineurs, ou tout simplement pour dormir ? Combien de personnes se rendaient toutes les semaines sur le divan d'un spécialiste pour parler de leurs états d'âme ? Des millions… alors ce n'était pas une petite piqûre mensuelle qui allait l'embêter, lui…

Et pourtant. On ne lui avait pas tout dit ! Dans les quelques jours qui suivirent sa première injection, il s'était senti littéralement abattu, hagard, vidé de toute énergie ou d'envie. Victor avait perdu le goût pour toute chose. Il passait sa journée assis sur son canapé à regarder fixement devant lui, à attendre… et attendre quoi finalement, car il n'avait absolument plus aucun projet. Et aucune envie d'en trouver un nouveau.

Machinalement, il se rendait trop souvent à la cuisine et mangeait, se goinfrait, pour ressentir quelque chose, enfin. Mais sa faim était elle aussi un gouffre sans fonds. Il commença à grossir, il ne se reconnaissait plus. Pour calmer son mal être et l'aider à se stabiliser dans ses humeurs, il se vit prescrire alors un second médicament, ou plutôt un « correcteur » comme ils disaient.

Un correcteur pour corriger les effets indésirables du premier traitement. C'était chose courante apparemment. Il alla mieux, un peu. Il perdit du poids. Mais il gagna des heures de sommeil, il ne faisait presque plus que cela. À cet instant, il l'ignorait et ce fût heureux, car aurait-il continué en ayant toutes les cartes du savoir en main ? Ce n'était que le début du chemin, un chemin qui supposait quelques décompensations à venir, des séjours psychiatriques et des changements de molécules de traitement. Encore et encore. Plusieurs mois passèrent ainsi, puis une lueur au bout du tunnel apparut, et le juste dosage semblait avoir été trouvé. Le brouillard, bien qu'omniprésent, avait perdu progressivement de son épaisseur, et petit à petit il avait pu reprendre une vie presque normale, ponctuée d'injections et de tremblements corporels intempestifs.

Mais malgré tous ses efforts, il ne parvenait pas à contrôler le flux de ses pensées, et le vague à l'âme avait fini par se réinstaller… encore et toujours ces mêmes questionnements qui le hantaient sur le but de son existence, sur ses projets qu'il devait accepter de ne jamais voir aboutir, sur l'existence de la chose. Était-ce possible que ce traitement, qui avait été efficace plusieurs mois, ait soudain cessé de délivrer ses miraculeux bénéfices ? Était-il en train de s'enfoncer ? Mais non, avait dit le psychiatre se voulant rassurant. Juste un petit réajustement à faire. Quoi, encore ? Non, il n'en pouvait plus, il voulut tout arrêter. Durant des jours, il avait alors tourné en ronds chez lui, ne répondant même plus aux appels de son employeur qui s'inquiétait de son absence inhabituelle. Que pouvait-il faire au juste ?

À bout, un dimanche matin, il était parti en montagne pour s'aérer, et échapper à la chose qu'il voyait apparaître par moment du coin de l'œil. Il avait beau savoir qu'elle n'était pas là, on le lui avait expliqué. Pourtant, lui, il la sentait. Il le savait, c'était sa réalité.

Après tout, ce n'est pas parce que la plupart des gens voient le ciel bleu, qu'il l'est réellement… et qu'en est-il pour ceux pour qui le ciel apparaît sous une autre couleur ? La majorité a-t-elle donc toujours le dernier mot ? Apparemment oui… et apparemment, elle s'octroie le pouvoir de décider d'un cadre normatif.

Ce matin-là, du haut de cette montagne, il respirait, méditait, ruminait… il avait commencé à courir pour se débarrasser de toutes ces énergies qui lui collaient à la peau, pour échapper à sa chose. Mais elle était tenace et accaparait toutes ses pensées. Et puis, il l'avait aperçue au loin. Elle. Elle qui avait l'air aussi rongée que lui, elle qui dissimulait, sous ses grands yeux marron, un océan déchaîné de colère, elle qui ne semblait avoir peur de rien, à se balader seule au milieu des bois un dimanche matin, elle qui l'avait pris pour un fou (ou l'avait-elle senti ?) avant de se raviser, mais surtout elle qui ne semblait pas avoir eu peur de lui, de qui il était. S'il n'avait pas été assis aujourd'hui à ses côtés, il aurait pu croire qu'elle n'était pas réelle, mais une apparition sortie tout droit de sa pathologie.

— Vic ?

Il sursauta, soudain, revenu au présent. De quoi parlaient-ils déjà ?

— Oui… pardon, j'étais dans mes pensées.

— J'imagine que tu cherchais sans doute comment te sortir de tes mensonges, non ?

Victor s'arrêta net, surpris par cette attaque soudaine, et la dévisagea.

— Je ne t'en veux pas. Tu sais, on fait tous ce qu'on peut pour s'en sortir. Moi aussi, je n'ai pas toujours été transparente avec toi, et tu ne m'en as jamais tenu rigueur, alors…

— Comment ça ?

— Écoute, je sais qu'ici on est bien traité. La nourriture est bonne, même si tu connais déjà mon point de vue sur le manque d'alcool… le cadre est plutôt sympa, les médicaments sont donnés à heure fixe, et les infirmiers pas trop regardants… les draps sentent plutôt bon…

On est entouré de très bons spécialistes… même s'il faut être honnête, je ne peux pas les blairer… mais bon… je veux bien reconnaître la compétence de certains… certes, je n'ai apparemment pas eu la chance de les côtoyer ceux-là. Mais là où je veux en venir, c'est que ça reste un hôpital de la vieille école et il se trouve que je le connais plutôt bien. Raison professionnelle. Ici, on traite les cas psy considérés comme lourds. Alors, ou tu es victime d'un malentendu toi aussi, ce dont je doute si j'en juge ton attitude détendue, ou tu me caches un truc, ce qui serait certes tout à fait ton droit, mais vu notre proximité, ça s'apparenterait presque à un mensonge. Et là-dessus, tu vois, je suis comme tout le monde, je n'aime pas qu'on m'esquive, qu'on me mente, qu'on me manipule ou qu'on me laisse dans le silence. Ou tu me mets tout de suite des limites en me disant que tu ne souhaites pas en parler, ou tu communiques.

— …

— Bon. Si tu souffrais simplement de troubles anxieux, tu serais chez toi à cette heure-ci, ou en centre de repos. Allez, c'est quoi ton histoire ?

— Tu sais que tu es plutôt douée à ce petit jeu, dit Victor en souriant timidement.

Léopoldine lui rendit son sourire : – J'ai toujours su que j'avais loupé ma vocation… j'aurais dû être flic… alors. Pourquoi es-tu vraiment là ?

— J'ai besoin que tu me le dises d'abord, que tu me racontes ton histoire.

Léopoldine conserva le silence, perdue visiblement dans les méandres d'une bataille cérébrale. Elle hésitait puis reprit subitement son aplomb : « Moi ? C'est juste un malentendu. »

Victor attendit une suite qui ne vint pas.

— Ce n'est pas une réponse.

— Totalement faux, ce n'est juste pas celle qui te convient.

— Allez, arrête de jouer sur les mots ! Dis-le-moi. Je te jure que je ne te jugerai pas.

— Oui, oui, on jure toujours avant, avec beaucoup de sincérité, tellement on est avide de satisfaire une curiosité ou obtenir ce qu'on veut. Après on sait. Après on obtient ce qu'on veut. Après, tout change. Et puis de toute façon, tu ne me croirais pas.

Il lui saisit le bras la forçant à tourner la tête et à le regarder dans les yeux : « Léo… essaye de faire confiance, au moins une fois. »

— D'accord. Mais toi aussi, tu vas devoir le faire.

Quelques semaines plus tôt, Léopoldine se revoyait passer la porte de son appartement et jeter ses affaires dans le couloir. Encore hilare de sa soirée passée avec ses fidèles copines, elle s'était servi un ultime verre de vin rouge. Elle adorait faire cela, se démaquiller, traîner encore un peu, fumer une dernière cigarette… elle n'aurait su dire combien de verres s'étaient succédé entre ses mains ce soir-là, mais probablement un nombre conséquent.

De son balcon, elle observait la rue endormie, elle sentait le vent lui caresser le visage. En fonds sonore, elle pouvait distinguer les rires et les cris de ses voisins, visiblement eux aussi en plein milieu d'un grand moment de leur vie. Cela ne la dérangeait généralement pas, enfin certes un peu, mais quand elle avait bu, tout lui semblait étonnamment plus supportable, voire appréciable. Puis, elle se sentit soudain très fatiguée, mais entre l'excitation de la soirée et les bruits provenant de l'appartement d'à côté, elle savait qu'elle n'aurait d'autre choix que de prendre un somnifère, comme souvent ces derniers mois. Oui, oui, elle savait bien qu'il ne fallait jamais mélanger les médicaments et l'alcool. Elle le savait certes, mais elle ne comprenait pas réellement pourquoi… elle le faisait régulièrement et pour être honnête, même sa benzodiazépine fétiche combinée à son Grand Vin de Bordeaux ne lui ferait gagner que quelques précieuses heures de rencart avec le marchand de sable… rien de plus. Aucun réel danger. Alors, pourquoi diable respecter ces préconisations douteuses ?

Un cachet et un brossage de dents plus tard, elle était au lit… la pièce tanguait autour d'elle et elle appréciait cette douce sensation. Sa machine cérébrale tournait à plein régime ce soir-là, et elle n'était pas parvenue à se concentrer sur son livre. Elle éteignit alors sa petite lampe de chevet, et ferma les yeux. Il lui suffisait d'attendre. Une fois le cachet pris, elle ne disposait en règle générale que d'environ 30 minutes avant de sentir le sommeil chimique l'envahir… et elle attendit… Elle sentait son cœur cogner dans sa poitrine… les battements résonnaient dans ses tympans. Elle soupira, se retourna, ouvrit la fenêtre… attendit encore. Elle ouvrit un œil… 32 minutes de passer, et toujours rien. Elle commença à respirer lentement et profondément afin de calmer son corps et l'inciter à lâcher prise. Ça y est, victoire, elle glissait lentement dans un autre monde… et soudain, au cœur de la nuit, un éclat de rire grave la fit sursauter. 3 h 16 du matin. Visiblement, la petite fête d'à côté n'était pas encore terminée. Soit. Elle recommença ainsi son petit rituel. On respire, on ferme les yeux… trop tard, le charme était rompu. Désormais, elle était totalement éveillée. Elle réfléchit rapidement. 3 h 17. Super, si elle avait vraiment, mais vraiment de la chance, à savoir si elle parvenait à s'endormir dans la demi-heure, elle pourrait escompter avoir droit à 2 heures de sommeil. Pitié non, elle était épuisée, pourquoi est-ce que sa machine ne s'arrêtait jamais là-haut ? Elle sentit la panique la gagner, puis inspira profondément pour se calmer, mais rien n'y faisait. Elle se leva et prit un second somnifère. Elle l'avait déjà fait par le passé, aucune inquiétude à avoir. Et justement cette fois il fallait être sûr, si elle ne dormait pas cette fois, elle finirait par vriller, c'était certain. Elle avait déjà remarqué ces dernières semaines certains changements infimes en elle… des tremblements… des regards dans le vide… des troubles de la concentration… un sentiment de surcharge mentale constante… le point de rupture n'était pas loin… Alors elle en prit un troisième.

Là au moins, elle dormirait peut-être jusqu'à 8 h ? La bonne blague. Un nouvel éclat de rire suivi d'un chant de supporters. Des footeux. Merde. Les pires.

Elle sentit la rage s'emparer de son être. À moins que cela ne fût un sentiment d'injustice ? Les enfoirés. Une fois qu'ils auraient cuvé leurs 35 litres de bière, ils iraient dormir tranquillement jusqu'à midi. Elle se leva et se mit à tourner comme un lion en cage, ou plutôt dans ce cas de figure, prêt à bondir sur une proie… ça elle s'en souvenait… la suite était plus floue, comme un mauvais rêve. Elle qui s'était toujours montrée discrète et docile fut prise d'un élan d'audace. Sa pensée obsessionnelle pour le sommeil la fit sortir comme une furie de son appartement. Mais c'est paradoxalement assez timidement qu'elle alla sonner chez son voisin, afin de lui demander de faire vœu de discrétion, après tout il était presque 4 heures du matin. Elle avait beaucoup pris sur elle pour demeurer calme et patiente, gardant en tête que ce n'était pas dans la colère que l'on réglait un conflit ! L'accueil qui lui fut réservé fut des plus… inamicaux. Une chose qu'elle retiendrait, en tout cas, était le fait qu'en termes de vulgarité, elle avait trouvé ses maîtres.

Humiliée, elle était retournée chez elle. De toute évidence, la méthode amiable ne fonctionnait pas, ainsi opta-t-elle pour une technique plus brutale. Et c'est presque machinalement qu'elle composa le numéro du central de Police… Oui de cela elle s'en souvenait bien, leur expliquant qu'elle allait commettre l'irréparable s'ils ne se pointaient pas rapidement pour calmer le tapage nocturne d'à côté. C'est vrai, elle reconnaissait aujourd'hui, qu'elle y était allée un peu fort, mais pour être honnête, la personne au bout du fil, une jeune femme d'après la voix, n'avait pas eu l'air de la prendre au sérieux. Mais Léopoldine était furieuse et toute la rage contenue depuis plusieurs mois, s'additionnant à une perte de filtre médicamenteuse, était sur le point d'exploser. Puis elle avait attendu, tapie dans le noir derrière sa porte d'entrée, tel un prédateur à l'affût du moindre mouvement.

Sa tête lui tournait et elle sentait toujours cette pression brûlante au fonds de ses tripes. Elle s'était souvent laissée écraser par certaines situations similaires, mais cette fois-ci, cela ne se passerait pas comme ça ! Lorsque la police était enfin arrivée, elle les avait entendus sonner, et demander que le bruit cesse. Bien évidemment, les footeux, ayant bien compris l'origine de la plainte, elle s'entendit se faire insulter une fois de plus dans un jargon bien fleuri et, reconnaissons-le, plutôt créatif. Cet excès de vulgarité artistique fit pouffer de rire un des policiers… humiliée… encore… et ce fût de trop. Léopoldine bondit de son appartement une nouvelle fois, arrachant presque la poignée, et cria à l'humiliation, à l'injustice, une véritable crise d'hystérie dont elle-même ne se croyait pas capable. Toutes ses émotions et ses pensées, tout ce qu'elle accumulait depuis des mois, semblaient vouloir sortir de sa petite bouche en même temps, se bousculaient et sortaient en propos décousus, à moitié avalés, incohérents… Manque de bol, les policiers comprirent rapidement qu'elle n'était pas tout à fait dans son état normal.

Que s'était-il passé ensuite ? Eh bien, tout lui revenait par flash, et aujourd'hui encore, elle cherchait dans sa mémoire, mais ignorait toujours à quel moment les pompiers avaient été prévenus. Certes, elle avait été conduite dehors pour « se calmer et prendre l'air », mais au bout de quelques minutes elle avait compris que quelque chose était en train de se tramer, et qu'on l'empêchait subtilement de regagner son domicile, qu'on tentait de détourner son attention d'un évènement qui allait se produire. Une forme de prémonition, plus qu'une appréhension. Mais avant qu'elle ne puisse comprendre ou s'échapper, le piège infernal s'était refermé sur elle.

Des lumières au bout de la rue, des gyrophares, elle qui finit sanglée tant elle se débattait dans la camionnette des pompiers, l'arrivée aux urgences, la négociation pour qu'elle reste faire un bilan, la prise de sang, les résultats… Fort taux de barbiturique et d'alcool, en même temps. Que se passait-il ? Tentative avortée de suicide ? Épisode psychotique ? Crise de bipolarité ? On ne lui laissa même pas le temps de se justifier, de se défendre, mais elle essaya tout de même mollement, hagarde, dans un état de sidération… Non, elle n'avait aucun trouble de ce type, du haut de ses 29 ans, cela aurait été diagnostiqué depuis longtemps non ? Une tentative de suicide ? Mais dans ce cas pourquoi aurait-elle sonné chez son voisin en quête de silence ? Pour pouvoir se foutre en l'air dans le calme ? Mais qui pouvait bien la croire ? Tout jouait contre elle, et elle ne parvenait pas à se calmer. Plus elle comprenait ce que son existence était en train de basculer devant elle et d'échapper à son contrôle, plus son hystérie grandissait. Non, elle n'était pas en train de décompenser, et puis décompenser de quoi, elle n'était pas malade ou folle !

Elle allait se sortir de cette situation, c'était certain… Elle y était toujours parvenue. Mais quand elle avait vu ses parents arriver, la mine contrite, elle avait compris qu'elle ne retournerait pas chez elle. Mais qui avait bien pu les prévenir ? Elle connaissait la procédure, elle l'avait souvent vu appliquer. Comment c'était possible ? Comment en était-on arrivé là ? Pas elle, elle n'avait jamais fait de mal à personne. À la base, tout ce qu'elle voulait, c'était dormir. Elle vit ses parents prendre le stylo, donner leurs pièces d'identité, osant à peine regarder leur fille. Elle accueillit comme des coups de poignard en plein cœur leurs douces paroles censées l'apaiser… des « c'est pour ton bien », « cela fait longtemps que tu ne vas pas bien » ou « laisse-toi aider ». Mentalement, elle se mit à imaginer la suite, et elle pouvait voir le dossier de SPDT arriver sur le bureau de la juge, elle se vit devenir un nom parmi tant d'autres, sur la liste de ceux qui avaient basculé de l'autre côté. De guerre lasse, elle n'avait pas bougé lorsqu'on lui avait fait une ultime piqûre, celle qui l'anesthésierait jusqu'à l'hôpital psychiatrique. Elle n'avait aucun souvenir du trajet.

Léopoldine avait raconté son histoire d'un trait, sans même se soucier de savoir si Victor allait la croire. Elle qui avait eu l'habitude de regards suspicieux à son égard lorsqu'elle abordait le sujet, fut surprise de constater une absence totale de réaction de son comparse :

— Tu ne dis rien ?

— Non, je n'ai pas de mots… c'est vraiment incroyable cette histoire. Je trouve ça profondément injuste en fait. Il y a forcément un moyen de faire quelque chose. On ne peut pas enfermer les gens comme ça. Impossible. On est en France, pas en URSS sous Staline ! Tu as déjà pensé à t'évader ? Tu risquerais quoi au juste ?

— D'aggraver ma situation, j'imagine.

— Je sais, on va contacter un avocat…

— Arrête, laisse tomber… Dis… Tu me crois vraiment, ou tu fais semblant parce que tu sais que j'ai plus de force qu'il n'y paraît ? dit-elle en souriant pour dissimuler sa gêne.

— Évidemment que je te crois. Je ne vais pas prétendre te connaître par cœur, mais il y a bien une chose que je sais de toi, c'est que tu n'es ni instable ni suicidaire.

— Je ne sais pas. Je ne sais plus pour être honnête. En y réfléchissant bien, j'ai eu un comportement inapproprié ce soir-là… et tout le monde semble dire que c'est synonyme de maladie. Et surtout que je suis du genre à être… ouais borderline… je sais pas moi, j'avais juste l'impression d'être moi-même. Mais, et s'ils avaient tous raison et que je me voilais la face depuis des années ?

— Bon, rajouta-t-il, j'avoue qu'il faut quand même être un peu barrée, pour prendre des somnifères avec du vin rouge… ou vraiment en avoir rien à faire de sa santé…

— Tu te trompes, le mariage de ces deux substances est excellent, c'est toi qui n'as aucun goût.

Victor ne releva pas :

— Qu'est-ce que tu comptes faire maintenant ? l'interrogea-t-il.

— Étape par étape hein, on verra. Pour l'heure, j'ai pour projet ambitieux d'écouter ton histoire.

Chapitre XI

Finalement, il est toujours plus facile de passer en second, lorsque le premier a déjà tracé la route à suivre… aussi lorsque Victor eut terminé de raconter, de se raconter, il se sentit soulagé d'un poids. Il n'aurait plus à mentir, ou à dissimuler qui il était réellement et en un sens, même si cela lui apparaissait comme égoïste, quelqu'un d'autre portait avec lui son fardeau. Léopoldine n'avait pas réagi durant tout son monologue, elle avait conservé un visage neutre, et hochait parfois la tête en fixant un point invisible devant elle.

Elle lui demanda alors pourquoi il ne lui en avait pas parlé plus tôt. Victor nota que son ton n'avait rien de celui du reproche, mais trahissait plutôt une franche incompréhension. Il lui répondit en toute transparence qu'il craignait sa réaction.

— Tu t'attendais à quoi au juste ? Que je t'interdise l'accès à notre banc fétiche ?

— Pire. Je pensais que tu aurais peur de moi, de mes réactions. Ça paraît logique. Que tu ne m'accorderais plus aucune crédibilité parce que je suis malade.

— Écoute, si on compare nos deux histoires, je crois que c'est moi qui apparais comme la plus dingue des deux et pourtant, à ma connaissance, je n'ai aucune maladie psychique déclarée.

— Admettons. Mais tu reconnaîtras quand même que la plupart des gens ont une opinion très arrêtée sur la question de la schizophrénie.

— Je ne peux et ne veux pas être la porte-parole de « la plupart des gens » comme tu dis. Pour être honnête, je m'en fous. Et tu sais, à moins d'un lavage de cerveau collectif, tu ne pourras jamais empêcher les êtres humains d'avoir des clichés ou des préjugés. Tu veux mon avis ?

— Évidemment.

— Écoute, des millions d'individus vivent avec des maladies chroniques ou génétiques, prennent des médicaments tous les jours, tout au long de leur vie, hantent les cabinets des médecins ou des spécialistes. Eh bien, toi, ce n'est pas si différent en un sens mais ça touche juste le mental, voilà tout.

— Tu dis ça comme si ce n'était pas grave. Comme si c'était juste factuel.

— Ce n'est pas du tout ce que j'insinue, et je n'essaye pas de minimiser, seulement je pense que tu n'as pas d'autre choix que d'accepter que tu doives vivre avec. Ça va te paraître dur, mais c'est de l'ordre de ta responsabilité d'assumer ou non qui tu es… Et puis, tu ne peux pas blâmer les autres de répondre inconsciemment à ce que tu dégages.

— Ah oui, c'est vrai, parce que toi tu es un modèle d'acceptation et de lâcher-prise… sans parler de ton extrême tolérance envers chacun bien entendu.

— Hum… je peux savoir pourquoi je viens d'avoir eu droit à cette attaque gratuite ?

— C'est toi qui viens de m'attaquer je te signale. Et puis parce que je trouve juste insupportable d'entendre des gens prodiguer des conseils qu'ils ne s'appliquent pas à eux même.

Léopoldine encaissa sans rien dire, mais sentit la colère lui monter au nez. Bon, elle avait peut-être été un peu rude. Définitivement, elle était nulle en communication. Bon. Rester calme. Après tout, comme tout animal blessé, Victor aussi pouvait se mettre à mordre. Ne le faisait-elle pas souvent ? Les exemples étaient légion, et elle se rendit ainsi compte à quel point elle pouvait faire mal, sans s'en rendre compte.

— Et bien mon grand, dans ce cas, tu ne dois pas supporter grand monde.

— Sérieusement, tu voudrais que j'accepte ma situation ? Très bien, alors passons un pacte. Tu vas devoir accepter la tienne aussi.

— Cela n'a rien à voir. Je ne vais quand même pas attendre sagement que les choses passent et donner raison à tous ces enfoirés qui m'ont enfermée ici.

— C'est exactement ce que je te disais. Arrête de te battre contre tout et tout le monde, en permanence avec la rage au ventre.

— Ça, c'est un autre sujet et clairement pas ton problème. On parlait de toi là. Répondit-elle sèchement. Je ne suis pas ton ennemie, j'essaye simplement de t'aider. Et je pense que plus tu lutteras contre, plus tu auras du mal à gérer ta maladie.

— Tu ne comprends pas ! Je ne peux pas accepter de vivre comme ça, de ne pas pouvoir me faire confiance à moi-même, de devoir me surveiller tout le temps ! Tu imagines sérieusement mon quotidien ? Là, ça va, je suis calme, je suis accompagné tous les jours… mais comment cela va-t-il se passer quand je serai dehors ?

— Où tu veux en venir ?

— Tout va recommencer exactement comme avant, expliqua Victor. Les nuits blanches, les délires, le sentiment de persécution, ne plus savoir à quelle réalité j'appartiens… oui, tu ne dois plus rien y comprendre là… comment puis-je être conscient de tout ça si je suis malade ? Alors oui, ce que je te raconte, ça doit relever de la quatrième dimension pour toi.

— Mais pas du tout ! Et qui te dit que cela va se passer comme ça au juste ? Une fois que tu seras dehors ? Arrête de projeter des pensées négatives comme ça, peut-être que…

— Il ne s'agit pas de délires spirituels… on ne peut pas lutter contre ça, contre soi-même…

— Je pense que si.

— N'importe quoi. Je pense que tu ne sais pas de quoi tu parles…

— Admettons… et tu as d'ailleurs sans doute raison… Seulement quel autre choix as-tu, si ce n'est d'accepter et de faire avec, franchement ? Tu dis que tu ne peux pas vivre comme ça, j'entends bien, mais alors tu comptes faire quoi au juste ? Te foutre en l'air ?

J'en doute fortement sinon, tu ne serais pas là à tenter de te requinquer. Tu trahis une envie d'aller de l'avant, de t'en sortir, de trouver une solution…

— Laisse tomber, tu ne peux pas comprendre. Tu sais à quoi je vais ressembler dans quelques années, avec tous les médocs que je dois m'enfiler ? Tu crois vraiment que je vais avoir une vie normale ? Tu penses que je vais pouvoir garder un emploi, alors que j'ai besoin de dormir 16 heures par jour, avec ce foutu traitement ? Tu crois que quelqu'un voudra fonder un jour une famille avec moi ? Tu es complètement à côté de la plaque, ma pauvre.

— Ma pauvre ? Tu te prends pour qui bordel ! Être schizo ne te donne pas le monopole de la souffrance, va dire ça aux autres là-bas, tu les vois ? Eux, vraiment, ouais, ils sont bloqués, ils n'ont pas le choix avec leur Alzheimer ou autre dérivé du genre… Eux, ouais, leurs possibilités d'action sont limitées, surtout que s'ils sortaient d'ici un jour, ils seraient probablement à la rue, sauf si quelqu'un veut bien s'occuper d'eux… alors ouais, je pense que cela est possible que toi tu avances, parce que, figure-toi, je connais bien le sujet et je pourrais te citer des exemples à la pelle de personnes qui s'en sortent, travaillent et ont une vie de famille. Mais je pense aussi qu'il y a des centaines de façons de vivre une existence bien remplie et que cela ne se limite pas à tous ces concepts. Je n'ai jamais prétendu que c'était simple ou juste ce qui t'arrivait, mais seulement qu'il ne faut pas perdre espoir.

— Ne pas perdre espoir ? J'en peux plus d'entendre cette phrase. On échange quand tu veux nos places, et tu verras les choses autrement… Et on peut savoir d'où te vient cette grande culture sur le sujet ? lança-t-il d'un air narquois ?

— Non. Ça ira… Je vous abandonne ici, toi et ta condescendance.

Chapitre XII

C'est au pas de course que Léopoldine avait regagné sa chambre. Elle était partagée entre l'indignation, et la violence de cette dernière altercation. Elle reconnaissait qu'elle pouvait se montrer parfois maladroite, mais elle avait beau se refaire le film mental de la conversation, elle ne comprenait pas ce qu'elle avait pu dire qui avait pu déclencher un tel déchaînement de violence verbale. Après tout, elle n'était peut-être pas à l'origine de sa colère ni la cause, mais quoiqu'il en soit, servir de défouloir l'avait profondément heurtée. Ne valait-elle donc pas mieux ? Ne méritait-elle pas plus de considération ? Apparemment, non. Léopoldine s'en voulut également de s'être livrée à lui, de lui avoir donné accès à son histoire et à ses failles. Et pire, de lui avoir fait confiance. Ainsi, le schéma ne cessait de se répéter dans les relations humaines. Plus on était proche d'un tiers, plus ce dernier s'octroyait le droit de blesser l'autre sans vergogne. Non, vraiment elle n'était pas faite pour ce monde dont elle n'acceptait pas les codes et les règles. Mais on ne l'y reprendrait plus ! Il pouvait bien aller se faire voir ce Victor, désormais l'ignorance serait de rigueur !

Certes, il n'est jamais aisé d'être objectif et lucide lorsque l'on souffre ou que l'on est en colère, mais laisser son cerveau se nourrir de scénarios excessifs de vengeance peut être tellement apaisant !

On frappa à sa porte. Léopoldine leva la tête, s'attendant à voir le visage familier de son infirmier préféré, et vit finalement apparaître à son grand étonnement le Docteur Klement.

Au moment même où ses dernières paroles avaient franchi ses lèvres, Victor sut qu'il allait les regretter. Certes, il était allé un peu loin, ne tenant pas compte de la susceptibilité de sa partenaire de galère, et peut-être même avait-il brisé, en un instant, quelque chose de précieux qui était en train de naître. Comment une chose aussi immatérielle qu'un simple mot pouvait-elle faire autant de ravage ? Une bombe pouvait bien dévaster une cité, celle-ci se reconstruirait. Mais quelques mots pouvaient déclencher une avalanche de conséquences et des pertes infinies.

Victor aussi cultivait sa colère, depuis trop longtemps. Il n'avait pas maîtrisé son émotion et s'était laissé emporter par son élan, car pour une fois il sentait qu'on l'écoutait, comme un individu à part entière, et non comme un malade. Ce simple fait aurait dû l'apaiser, mais au contraire un besoin d'évacuation avait pris le dessus. Et peut-on réellement culpabiliser lorsqu'on répond à un besoin ? Oui, si cela implique d'écraser quelqu'un… Bon et puis, après tout, si on y réfléchissait… il avait déjà fait tellement pour elle depuis son arrivée, n'était-ce pas normal qu'à son tour elle lui rende la pareille ? Non. Il ne pouvait pas penser ainsi, c'était injuste, il l'avait fait de bon cœur… ou peut-être que… Et puis après tout, elle ne se gênait pas, elle, pour l'envoyer sur les roses ! Et cela même dès leur première rencontre ! Mais quand bien même… Il se leva, déterminé à aller lui présenter des excuses, puis se ravisa. Les esprits étaient encore trop blessés et échauffés… la nuit porterait sans doute conseil. Aucune amitié ne s'éteint sur un simple malentendu ou une dispute. Non, il y a toujours une explication, un lien qui perdure. Il attendrait le lendemain, et il s'installerait sur ce même banc où ils avaient coutume de se retrouver. Elle le rejoindrait, sans doute ronchonne au début, mais elle sera là et il pourra lui expliquer. Oui, il ferait cela et tout irait bien. Mais en attendant, il savait qu'il serait angoissé jusqu'à ce que les retrouvailles soient officiellement scellées. La nuit s'annonçait longue…

Pourtant, contre toute attente, le lendemain matin, Léopoldine ne vint pas. « Quel caractère ! » se dit Victor.

Mais tandis que l'attente s'éternisait, Victor avait beau tenter de demeurer calme, il pouvait sentir grandir en lui un sentiment d'angoisse et de malaise. Les minutes s'égrenaient ainsi lentement… Puis les heures. Léopoldine devait être vraiment fâchée, ou pire blessée. Les derniers mots qu'elle avait balancés, étaient-ils des paroles d'adieu ? Non, elle ne ferait pas cela, pas de cette manière, il le sentait. Elle le faisait peut-être attendre, exprès, pour se venger, oui, cela lui ressemblait assez. Il patienta encore. Vers midi, il ne vit toujours personne et cette fois une lourdeur s'installait sournoisement dans sa poitrine. De la peine. Il verrait forcément son binôme au réfectoire. Mais comment réagirait-il, si elle l'ignorait ouvertement ? Mais finalement, il n'eut pas à affronter l'éventualité d'un rejet, puisqu'elle n'était pas au réfectoire non plus. L'inquiétude prit doucement le dessus sur l'angoisse, il avait dû arriver quelque chose, mais forcément, on ne lui aurait rien dit à lui, le patient, le malade. Il en vint même à douter de lui-même… Avait-elle jamais existé, ou appartenait-elle elle aussi à son monde psychotique ? Pire encore… et s'il lui avait fait du mal et n'en avait gardé aucun souvenir conscient ? Non, impossible, il n'avait jamais été violent, ce n'était pas dans sa nature, et n'avait aucune zone d'ombre non plus sur sa soirée de la veille, il aurait pu reconstituer tous les événements minute par minute. Et puis il serait en cellule à cette heure-ci. Mais d'où lui venait cette déduction, il fallait vraiment qu'il arrête de porter crédit aux peurs projetées des autres. À moins que cela aussi fasse partie de sa maladie ? Il se sentait devenir fou, perdu dans ces tentatives d'analyses, il devait bouger, avancer. Trop de réflexion, c'est ça finalement qui conduit à la folie.

S'armant de courage, il finit par se rendre au pied de son bâtiment. Il l'attendrait tout le reste de la journée s'il le fallait, elle finirait par sortir à un moment ou un autre. Mais il n'eut pas besoin de mener à bien ses projets. Sans doute intrigué par cette présence, un infirmier vint à sa rencontre. Après tout, il devait avoir l'air troublé à faire les cent pas, et à lancer des regards anxieux vers la porte du bâtiment.

Victor profita de l'occasion pour demander où se trouvait sa comparse, et dut accuser le coup… Elle était partie quelques heures auparavant. Partie. Fin d'un chapitre. Rejeté. Blessé. Le constat était lourd… les schémas ne cesseraient donc jamais de se répéter. Elle aussi avait fini par l'abandonner.

Chapitre XIII

Certaines secondes sont plus longues que d'autres. Et parfois, elles peuvent être aussi douloureuses que trompeuses. Parfois, elles sont uniquement source de souffrance parce que notre cerveau prend un malin plaisir à interpréter et scénariser les mots. Et il faut bien en convenir, rarement dans un sens favorable. Et c'est exactement ce qui était arrivé à Victor à cet instant. Figé, son cerveau avait marqué un arrêt à l'énoncé de ce qu'il avait pris pour une sentence. Aussi fut-il ramené à la réalité en remarquant un silence soudain. L'infirmier, Gilles, selon son badge, avait cessé de parler et semblait visiblement attendre une réponse.

Victor l'interrogea du regard, et Gilles poursuivit : « Vous voyez où c'est ? Je peux vous y accompagner si vous voulez. »

— M'accompagner où ?

— Au Bâtiment E, comme je vous disais c'est juste au bout du chemin sur la gauche, répéta patiemment Gilles en le regardant dans les yeux.

— Le bâtiment E…, répéta Victor sans comprendre.

— Je vais vous y emmener, j'arrive, je vais juste récupérer mon badge. Elle a laissé des affaires ici, je vais en profiter pour lui donner. Et puis je pense qu'elle sera ravie de votre…

Sans même prendre le temps d'écouter la fin de la phrase, Victor s'était mis à courir. Il entendit vaguement dans son dos la voix de l'infirmier, emportée par le vent qui lui sifflait dans les oreilles. Lorsqu'il arriva à l'intersection, il tourna à gauche et faillit s'étaler au sol, qui semblait être devenu subitement glissant. Il n'y prêta nullement attention, tant ses pensées étaient focalisées sur sa destination. Oui, il était bel et bien fou finalement.

Lorsqu'il arriva enfin au bâtiment E, il était à bout de souffle, mais sentit soudain comme un poids sur sa poitrine s'envoler. Assise sur les marches de l'entrée, Léopoldine était en train du fumer une cigarette, et l'observait étrangement. Que lisait-il dans son regard… de la joie ? De la surprise ? De la colère ? Qu'importe, elle était là, et il s'en voulut d'avoir pu croire à son départ. Il s'en voulut davantage en réalisant qu'il avait égoïstement interprété la situation, allant jusqu'à reprocher à sa comparse un abandon fictif. D'autant plus qu'il savait pertinemment que sa sortie à elle ne pourrait être aussi simple, mais le fruit d'une autorisation administrative.

— Mais qu'est-ce que tu fais ? dit-elle.

— Léo… j'ai eu peur… j'ai cru que tu étais partie… à cause de moi… que tu voulais me punir, et que…

— Désolé mon grand, dit-elle en levant la main pour l'interrompre, mais même toi tu n'as pas encore ce pouvoir. Ce que je voulais plutôt dire c'est ; qu'est-ce que tu fous dehors, viens t'abriter, tu es déjà trempé !

Victor s'aperçut alors du ridicule de la situation. Perdu dans les méandres de son esprit paniqué, il ne s'était même pas rendu compte qu'il pleuvait averse, une de ces chaudes pluies d'été, brute mais agréable. Depuis combien de temps le ciel semblait-il se désintégrer ? Il n'aurait su le dire, mais il se tenait désormais là, immobile et reprenant peu à peu conscience de son corps. Il sentit d'un coup que tous ses sens s'éveillaient en même temps, et malgré le bruit assourdissant du déluge, il parvint à se concentrer sur la caresse de l'eau sur son visage et sur l'odeur de terre mouillée. Il ferma les yeux pour mieux profiter de ces ressentis simples et subitement exacerbés. Lorsqu'il les rouvrit, Léopoldine se tenait tout près de lui, le visage fouetté par la pluie, des mèches de cheveux collées à son front. Elle levait la tête vers le ciel, yeux fermés.

— Je t’ai cherchée partout, dit Victor en lui saisissant le bras.

— Pas partout apparemment, puisque je n’ai pas bougé d’ici de la journée. On en parlera plus tard, ce n’est pas vraiment le moment adéquat pour une explication franche.

— Sérieusement, j’étais super inquiet, tu n’imagines même pas tous les scénarios que je me suis faits !

— Pas maintenant ! Et arrête de mettre des superlatifs dans chaque phrase, c’est agaçant.

— Je pensais vraiment que tu m’en voulais ! C’est peut-être le cas d’ailleurs…

— Oh, on s’en fout, pas maintenant, je te dis ! Profite, c’est tout !

— Mais de quoi ?

— Mais de ce moment, idiot ! Tu ne te sens pas incroyablement vivant, là tout de suite ?

D’une fenêtre de l’étage, une aide-soignante observait la scène, blasée. Deux individus, bras écartés, semblant communiquer avec le ciel, sans doute en proie à un délire mystique. Après tellement d’années dans un hôpital, plus rien ne l’étonnait réellement.

Chapitre XIV

Il n'y avait pas que Victor qui avait connu un élan de culpabilité. En un sens, Léopoldine aussi. Les événements peuvent être vécus tellement différemment lorsqu'on prend tout simplement le temps de communiquer. Quoique… sur ce coup, elle n'avait pas vraiment agi par pure maladresse, mais bien sciemment. Elle avait en effet volontairement choisi de ne pas prévenir Victor de son changement de bâtiment, estimant que ce silence serait un châtiment légitime pour l'avoir un peu malmenée lors de leur dernier échange. Mais elle ne pouvait se douter alors dans quel état cela le plongerait. Au début, Léopoldine, dignité outragée, avait pris un malin plaisir à imaginer cette silhouette maigrichonne hagarde l'attendre, incrédule, sur le banc, avant d'être envahie d'un sentiment de malaise. Pas assez puissant, cela dit pour faire le premier pas et amorcer une réconciliation. Non, elle avait besoin de temps.

Lorsque le psychiatre était venu s'entretenir avec elle dans sa chambre, il lui avait expliqué que de son point de vue, son état ne justifiait pas qu'elle demeure au sein de l'hôpital. Il la trouvait certes fragile ou adoptant des comportements destructeurs répondant à des épisodes d'angoisse peu maîtrisés, mais rien ne lui indiquait qu'elle était un risque pour elle-même ou pour les autres. Il s'apprêtait ainsi à avertir le juge afin d'amorcer la fin de la SPDT. Il avait souhaité lui apporter lui-même la bonne nouvelle. Oui, parce qu'il aimait également cette partie de son travail, être porteur de bonnes nouvelles. Cela arrivait plus souvent qu'elle ne le pensait ! Puis il s'était tu, escomptant voir apparaître sur le visage de sa patiente l'expression d'un soulagement teinté de joie.

Léopoldine l'avait écouté, interdite et surprise. Oui. Surprise de ce qu'elle sentait naître en elle. Elle qui attendait ce verdict depuis plusieurs jours, allant même jusqu'à imaginer des scénarios improbables où l'on s'excuserait avec gêne et supplication de l'offense arbitraire et injuste qu'elle venait de subir, demeura interdite. Mais quelle était donc l'origine de ce mutisme soudain, et de ce nouveau poids qui prenait possession de sa poitrine ? Pourquoi avait-elle soudain la tête qui lui tournait ? Pourquoi avait-elle du mal à respirer ? Que se passait-il ? Lorsque le Docteur Klement lui expliqua les différentes étapes de sa sortie, son cœur s'accéléra, mais ce n'était nullement du fait d'une quelconque excitation. Elle fut frappée de plein fouet par la découverte de ce sentiment nouveau : la peur. Oui, elle avait peur, parce qu'elle ne voulait pas partir.

Le psychiatre s'était alors étonné de son silence. Non, pas qu'il s'attendait à une explosion de joie, il commençait certes à bien connaître sa patiente, mais il avait escompté au moins recevoir en retour quelques remarques acerbes. Et pourtant rien. Le calme avant la tempête, ce calme fourbe qui trompe et éteint notre vigilance alors qu'elle devrait être aux aguets. Léopoldine avait alors explosé de panique, opposant un refus catégorique à toute idée de sortie, ce que le praticien ne comprenait pas. N'était-ce pas elle, qui scandait ses envies d'évasion, qui criait à l'injustice et au complot ? Était-elle dans un tel désir de contradiction, qu'elle préférait rester juste pour contrer toute forme d'autorité ?

Non, avait-elle dit hésitante. Elle avait peur. Elle ne voulait pas sortir. Passé la violence de son internement, ce confinement forcé l'avait confronté à elle-même et à certaines de ses failles profondes. Certaines même dont elle ignorait l'existence.

Alors comme pour la première fois elle semblait s'ouvrir un peu, le Docteur Klement s'engouffra en douceur dans la brèche. À quelles failles faisait-elle référence au juste ?

Elle ne répondit pas, et respira longuement pour reprendre le contrôle de son esprit. D'un ton plus calme, elle lui expliqua que si elle sortait maintenant, elle allait s'effondrer, mais réellement cette fois. D'une voix de toute petite fille, elle ajouta timidement qu'elle avait finalement peut-être besoin d'aide. En lâchant ces quelques mots, qu'elle prononçait pour la toute première fois, elle sentit une gêne s'installer, et non pas un soulagement comme elle aurait pu l'escompter. Aussi, comme à chaque fois qu'elle s'ouvrait un peu, elle préféra se cacher derrière l'humour.

— Admettez quand même Docteur que pour vous supplier de rester ici, je dois vraisemblablement avoir perdu contact avec la réalité. Vous voyez que ma place est clairement encore entre vos murs.

— Je peux aisément comprendre votre angoisse Léopoldine, mais plus longtemps vous resterez ici, et plus dur sera le retour à la réalité.

— Et si je vous disais que j'ai encore besoin de vous ? Finalement, je crois que je vous aime bien Docteur…

— Et bien dans ce cas, je vous répondrais certainement que vous êtes sans aucun doute prête à tout pour rester, dit-il en souriant.

— Mais c'est pourtant la stricte vérité !

— A oui ? Vous m'aimez bien ? C'est chose courante que les patients s'attachent à leur médecin, le saviez-vous ? Cela résulte d'une sorte de transfert, j'imagine que vous avez dû en entendre parler. Cela dit, j'ai un peu de mal à croire que vous soyez concernée par cela.

— Oui. Bon, j'admets, j'exagère un petit peu. Si je suis parfaitement honnête, je vous trouve toujours aussi arrogant et parfois votre façon de renifler avec une seule narine m'agace profondément, et en plus ça vous donne une drôle de tête… mais globalement vous m'avez l'air compétent.

— Venant de vous, j'imagine que c'est un compliment. Attendez, mais qu'est-ce que c'est que cette histoire de narine ?

— Vous n'aviez jamais remarqué ? On dirait un toc ou un truc dans le genre… enfin, ce n'est pas moi le psy, après tout, vous devez forcément savoir quel sens ça a, puisque comme je vous le disais, je pense que vous êtes plutôt compétent. Et justement, si je peux me permettre, la manifestation concrète de cette compétence serait de me garder à vos côtés.

— Vous auriez fait une très bonne avocate.

— C'est drôle, ça fait deux fois que j'entends cette phrase en quelques jours… Vous croyez que je dois y voir un signe ? En fait, je crois que j'aurais préféré procureur… mais clairement, je n'aurais pas été douée… Il faut quand même faire preuve d'un sacré sang-froid et honnêtement, on ne peut pas dire que le contrôle des émotions soit ma plus grande qualité. Mais bon, ce n'est clairement pas le sujet.

— C'est intéressant au contraire. Pourquoi procureur ? Vous auriez pu citer n'importe quelle autre fonction au sein d'un Tribunal, et d'ailleurs, vous faites partie de la machine. Mais pourquoi précisément procureur ?

— Je vous répondrais… uniquement si vous me permettez de rester ici.

— Du chantage ?

— Tout à fait. Puisque vous semblez insensible aux compliments, j'opte pour une nouvelle stratégie.

— Je refuse de rentrer dans ce jeu-là Léopoldine.

— Si, je pense que vous allez le faire.

— Vraiment ? Et qu'est-ce qui vous fait dire cela ?

— Et bien… parce que je vous amuse, que vous me trouvez marrante. Ou fascinante… oui, c'est ça, je le sens.

— …

— Bon ben la manipulation mentale ça ne marche pas non plus apparemment…

— Léopoldine.

— Pitié…

— …

Et finalement, elle avait pu rester. Non pas que sa plaidoirie fut d'une grande efficacité, mais le Docteur avait déjà décelé qu'une angoisse chronique se manifestait sous diverses formes chez elle, et que, non traitée, elle conduirait inexorablement à des troubles de plus en plus conséquents et fréquents, et peut-être même à terme jusqu'à un point de non-retour. Léopoldine ne répondait plus aux critères d'urgence depuis un moment déjà, aussi ne pouvait-elle demeurer à l'hôpital, occupant un lit qui aurait pu bénéficier à quelqu'un qui en aurait réellement besoin. Mais à la réflexion, il craignait en effet que la renvoyer prématurément à domicile lui soit tout sauf bénéfique. De même, elle avait montré de nets signes de collaboration, ses barrières semblaient doucement s'affaisser et il souhaitait lui donner l'impulsion nécessaire afin de continuer un travail sur elle en dehors d'ici. Le Docteur Klement n'était pas d'un altruisme exacerbé, mais Léopoldine avait eu raison sur un point : il était très compétent, et il n'avait jamais perdu de vue ce qui l'avait poussé dans sa vocation, soigner avec éthique et avec cœur. Aussi sa décision fut prise : elle pourrait intégrer un autre bâtiment, spécialisé dans les traitements d'humeurs, un charmant pavillon ouvert dans lequel elle pourrait encore poursuivre son suivi durant quelques jours. Oui, quelques jours uniquement, et cela n'était nullement négociable. Soulagée, Léopoldine accepta. Mais passé la fierté d'avoir enfin réussi à demander de l'aide, elle sentit la voix de la culpabilité lui murmurer sournoisement à l'oreille : plutôt qu'un appel à l'aide, n'était-ce pas un caprice de sa part ? Auquel cas était-elle en train de voler une place qui aurait dû revenir à un autre, quelqu'un de réellement en détresse ? De même, n'était-elle pas en train de profiter d'un système afin d'éviter à avoir à affronter sa nouvelle vie, ou à défaut à reprendre l'ancienne là où elle s'était figée ? Mais qu'allait-on encore penser d'elle ?

Voilà. Toujours le même scénario et schéma mental, qui lui faisait passer d'un état à l'autre en moins de quelques secondes. Mais cette fois, elle en prit réellement conscience et décida d'essayer de mettre un terme à ses ruminations. Après tout, elle n'avait aucun monopole sur le cerveau des autres et ils étaient bien libres de penser ce qu'ils voulaient d'elle.

Et si elle y réfléchissait bien, elle aussi avait déjà été pleine de jugement. Elle aussi s'était déjà lourdement fourvoyée avec ses raccourcis mentaux. Non seulement le monde ne s'était pas arrêté de tourner pour autant, mais plus important encore, cela n'avait jamais empêché quiconque de poursuivre son chemin. Aussi, elle décida qu'à compter de ce jour, elle en ferait de même. Elle avait le droit et la légitimité d'être qui elle était, elle n'avait pas à en rougir et encore moins à tenter de recueillir l'assentiment de son entourage. Plus important encore, on ne pouvait être accepté dans l'entièreté de son être que si on le faisait avec soi-même. Mais comment faisait-on pour y parvenir ? Qui était-elle ? Elle refusait de se définir à travers une profession ou des valeurs, cela semblait bien trop simpliste à ces yeux. Cela faisait partie d'un tout, elle en était persuadée. Mais la vraie question était, pouvait-on réellement se définir ? Parce que finalement se définir, c'était se limiter, se ranger soi-même dans des besoins ou des cases à un instant T. Mais justement, les habitudes d'hier ne pouvaient perdurer lorsqu'on était en évolution constante et que par là même, les besoins étaient en perpétuel mouvement, eux aussi.

Lorsqu'on est enfant, le bonheur est souvent fluide et quotidien parce qu'on ne s'interroge pas sur le sens profond des choses, on les vit simplement. Nous n'avons pas conscience de l'immensité du monde, et toutes les actions sont guidées par la spontanéité. Puis on grandit, et on finit alors par devenir cet adulte qu'on voyait petit, celui toujours fatigué, aux sourcils froncés, et au regard éteint, perdu dans les méandres d'un mental régissant désormais l'existence. Sans doute finissons-nous tous écrasés par le poids du devoir, par toutes ces tâches qu'il « faut » faire, par tout ce que la société attend de chacun… et justement… Léopoldine n'avait jamais accepté ce fait. Du moment qu'elle remplissait sa fonction au sein du monde, pourquoi ne pourrait-elle vivre comme elle l'entendait ? La réponse vint la frapper comme un coup de poing dans le ventre. Parce qu'elle ne se l'autorisait pas. La seule personne qui la sabotait, c'était elle-même. Inutile d'être en colère contre l'univers, elle était la seule responsable de sa situation. Tout fut soudain logique… elle manifestait alors sa rébellion par des comportements de provocation autodestructeurs parce que de temps en temps la petite fille qu'elle ne voulait plus écouter reprenait les commandes et ne cessait de lui demander, de la secouer, de lui hurler « mais qu'est-ce que tu fous ? Qu'est-ce que tu fous, bordel ? C'est n'importe quoi ! »

Chapitre XV

— À quoi tu penses ? demanda Victor.

— À rien… répondit Léopoldine.

— Est-ce une manière de me signifier que je dois te foutre la paix ?

— Même pas… C'est vrai, je ne pense à rien. C'est agréable, je trouve d'ailleurs. Tu as remarqué que l'on ne prend jamais le temps de ne rien faire, de ne pas imaginer ou de ne pas anticiper quelque chose ? Ou quand bien même on essaye, il y a toujours un élément qui vient parasiter notre cerveau, une nouvelle lubie, un message qui arrive sur le téléphone, un truc à faire, à ranger, à organiser. Ou une pensée qui va t'emmener super loin, et qui t'empêche de débrancher la machine. Comme si dans notre société, on n'avait pas le droit de moment de vide. Tu vois ce que je veux dire ?

— Oui, complètement. Alors, imagine si en plus de tout ce mécanisme psychique, tu as des capteurs mentaux faussés qui viennent s'ajouter à tout ça… Sympa, hein… Cela dit, j'arrive à moins cogiter depuis quelque temps tu sais, mais c'est surtout dû aux injections.

— C'est plutôt une bonne chose, non ?

— Je ne sais pas. Tu vas trouver ça dingue, surtout après t'avoir dit que je me sentais mieux, mais parfois j'ai envie de tout arrêter. C'est comme si je n'avais plus le droit d'avoir le monopole de mon propre cerveau, tu comprends ? Parfois, j'ai même l'impression qu'il m'est interdit d'être moi-même. C'est presque de la dictature mentale finalement, on te force à adopter des façons d'être ou de réfléchir.

— Ou plutôt, on te force à ne pas réfléchir… attends ce n'est pas paradoxale avec ce que je viens de prôner ?

— Pas du tout, il y a une différence de taille entre ne pas penser pour être dans le moment, et ne pas réfléchir parce que non conforme avec ce que la société attend de nous.

— Dis donc, on ne serait pas en train de fomenter une petite révolution, là comme ça, assis sur un banc l'air de rien ?

— Ça m'en a tout l'air… répondit Victor en adressant un clin d'œil à sa comparse. Plus sérieusement, tu vois que tu en auras appris des trucs ici, durant ton séjour.

— Comme quoi ? Alimenter des idées qui, à une autre époque pas si lointaine, m'auraient menée directement à l'échafaud ?

— Oui ou plutôt, comment arrêter de penser parfois et te nourrir de moment de « rien », comme tu dis. Essaye de garder ça quand tu seras dehors.

— Pitié, ne me parle pas de dehors…

— Quoi ? Pourquoi ? Après tout, ce n'est pas toi qui rêvais de te barrer d'ici, de retrouver ta liberté d'aller et de venir ?

— Arrête, la simple idée de sortir d'ici m'angoisse au plus haut point… J'arrive à avoir la nausée juste en visualisant, tu te rends compte ? Non, vraiment je ne suis pas pressée que cela arrive.

— Mais pourquoi ? Je ne te suis plus du tout là, demanda Victor. Madame qui crie à l'injustice depuis des jours…

Léopoldine demeura silencieuse un instant.

— Mais parce qu'ici je me sens… protégée, en dehors du temps et du monde. C'est comme si la réalité se résumait à cet hôpital, à son parc et à rien d'autre. Tout est cadré et sous contrôle. Il y a quelque chose de rassurant, je trouve, même si je sais bien évidemment que ce n'est pas le reflet exact de la réalité, juste une sorte de bulle temporelle. Honnêtement, c'est le bordel dehors, je crois que je ne me sens plus vraiment capable d'affronter tout ça. Le stress du quotidien, l'oppression des gens qui attendent de toi que tu te comportes d'une certaine manière, que tu les vois et sois à disposition, aller faire ses courses, parler, écouter, faire le plein d'essence, cuisiner, faire toujours la même chose en fait. Juste parce que c'est la règle du monde.

— Je te suis, mais après tout, ici aussi on fait toujours la même chose, non ?

— Oui, mais ici personne ou rien ne peut m'atteindre. Je suis dans un monde parallèle, avec des règles différentes.

— Ouais… et après, c'est moi qu'on traite de schyzo…

— Traiter ? Mais ce n'est pas une insulte, c'est factuel ça. Une partie de ton fonctionnement. Mais bon on ne va pas en débattre, il me semble avoir compris qu'il s'agissait là d'un sujet sensible, dit-elle en lui donnant un léger coup de coude. Mais je suis sérieuse, tu sais, reprit-elle. Il y a quoi à envier là, dehors ? Rien du tout, crois-moi. C'est ça alors, la vie ? C'est pour ça qu'on se bat ? Qu'on lutte et qu'on fait tout pour améliorer la science ? Une existence de devoir, ou de paraître ? Ben non, merci, je préfère passer mon tour.

— Tu es d'un optimisme déconcertant. Et puis cela ne peut pas se limiter juste à ça, vivre. Je ne sais pas si ça va te rassurer, mais dis-toi que c'est le cas pour tout le monde, tu sais.

— Grand bien m'en fasse. Si certains se complaisent là-dedans, tant mieux. Mais, moi pas. En plus, je n'arrive pas à croire que tu viennes de me sortir en contre argument une phrase toute faite… je déteste ça… « c'est pareil pour tout le monde, pense à ceux qui ont moins que toi. »

— Ce n'est pas exactement ce que j'ai dit ! Mais à la réflexion, c'est plutôt vrai, non ?

— Évidemment qu'il faut savoir rester humble, mais ce n'est pas pour autant qu'on doit porter tout le fardeau de l'univers, nan ? Et puis je peux quand même m'exprimer sur ce que je ressens.

— Oui, oui, j'ai compris, ne t'enflamme pas !

— Ce n'est pas le cas, tu m'as sentie énervée ? Je n'ai même pas haussé le ton.

— Non, c'est vrai. Il y a un net progrès, trop même. Parfois, je suis presque nostalgique des moments glorieux où tu m'envoyais dans le mur… plus sérieusement, de quoi tu rêves alors ? Qu'est-ce qui te fait tenir ?

— J'en sais rien. Je crois que… je veux quelque chose de plus grand. Oui, je crois que c'est le bon terme. Tu comprends ?

— Oui, je crois. Même si je ne le ressens pas.

— Et si on parlait d'autre chose ?

— Quoi, mais pourquoi ?

— Parce que je culpabilise. Je me sens franchement injuste de te raconter tout ça. À toi. Parce que toi justement, tout ce que tu rêves d'avoir, ou de vivre, je l'ai à portée de mains, et je suis incapable de m'en contenter. Moi qui prônais de grands principes il y a à peine quelques secondes, voilà, je fais pile l'inverse et je manque cruellement d'humilité. Je suis désolée, je n'aurais pas dû dire tout ça.

— Je pense qu'il ne faut jamais s'excuser de ressentir quelque chose, ou d'avoir des envies. En plus, s'il y a bien quelque chose qu'on ne contrôle pas c'est ça, et c'est plutôt une bonne nouvelle, non ?

Et finalement, je pense qu'on finirait par perdre ce qui fait de nous des individus uniques.

— Je te trouve vachement philosophe aujourd'hui, Vic.

Un silence s'installa.

— Léo ? Réfléchis maintenant. Et réponds-moi, sans gêne, sans filtre. En fait comme tu sais si bien le faire. Dis-moi, c'est quoi quelque chose de plus grand pour toi ?

— Aucune idée… je n'arrête pas d'y songer, mais je tourne en rond. Je ne sais pas comment faire pour trouver la réponse, et pourtant je suis sûre que c'est là, juste sous mon nez. Qu'est-ce qui me ferait vibrer, me faire ressentir encore plus, ou qu'est-ce qui a vraiment du sens pour moi ? Plus j'y pense, moins je trouve. Du coup, je fais comme tout le monde dans ces cas-là, j'imagine. Rien.

— Arrête de chercher, la réponse t'apparaîtra toute seule.

— Vachement profond… tu sors ça d'où cette fois ?

— De la grande bible des phrases toutes faites. N'empêche que je suis sûr qu'un jour, ça fera écho en toi.

— Bon, trêve d'égocentrisme. On a assez parlé de moi. À ton tour, Victor, qu'est-ce que tu comptes faire quand tu sortiras d'ici ?

Victor ne répondit pas tout de suite, s'enfermant dans un silence méditatif, les traits plus préoccupés qu'il ne l'aurait voulu.

— Eh bien pour être honnête, tout ce que tu abhorres, et que tu fuis. Ne le prends pas mal surtout, quoique je crois que tu avais compris avant moi ce qui pouvait me faire rêver. Tu vois, j'aimerais mener une existence normale, riche en contrariétés simples du quotidien, de factures à payer, de grognements matinaux quand le réveil sonne, de listes de courses, de sentiment d'injustice parce que je paye trop d'impôts, de déjeuners sans fin chez mes parents le dimanche midi, suivis de ces abominables balades digestives dans le quartier, de ces soirées où je n'ai pas envie d'aller, mais où finalement je finis par m'éclater…

— Tu es vraiment sérieux, là ? Je veux dire… tu ne trouves pas déjà que tu payes trop d'impôts ? répondit-elle avec un clin d'œil.

— Est-ce une manière détournée de me faire comprendre que tu trouves ça tellement nul, que tu préfères esquiver en faisant une note d'humour ?

— Pas de tout, j'essayais de casser l'effet dramatique, en vérité je trouve que c'est un beau projet.

— Arrête de te moquer…

— Ce n'est pas le cas, au contraire même. Bon, je ne te cache pas que ta description du quotidien idéal m'a collé un sacré sentiment d'oppression… tu sais, une sorte de tension écrasante, là dans la cage thoracique… horrible…

— Ça y est ça commence…

— … Mais pour être honnête, je t'envie sincèrement. Je ne dis pas ça du tout de manière narquoise, tu sais. Le seul chemin qui est fade, c'est celui qu'on prend et qui ne nous correspond pas. Je rêverais de me sentir épanouie en menant une existence comme cela, mais je n'en suis plus capable.

— Pourquoi tu ne réessayerais pas, tout simplement ? Tu as forcément appris des choses ici, sur toi, sur tes besoins… il te manquait peut-être juste les armes nécessaires pour affronter tout ça.

— Tu sais Vic, il y a vraiment des moments où j'ai vraiment envie de te coller dans un mur. Mais tu n'écoutes donc jamais ce que je te dis ? Ce n'est pas pour moi, c'est tout. Et puis, justement quand on a trouvé sa voie, je ne pense pas qu'on ait besoin d'armes comme tu dis pour avancer, ça doit couler de source, c'est fluide, logique, comme si on répondait vraiment à un appel profond. Il ne faut pas voir l'existence comme une lutte perpétuelle. Enfin, il ne faut plus. Tu ne trouves pas ça super fatigant à la fin ?

Victor acquiesça. Bien sûr qu'il était d'accord. Bien sûr qu'il était épuisé de tout, et de rien. Mais alors… fallait-il seulement se laisser porter pour se sentir bien, ou à sa place ? Un peu simpliste tout ça… encore des magnifiques mots doux à l'oreille et qui pouvaient être sans aucun doute source de motivation. Si le concept était clair, son application concrète demeurait bien floue. Mais il ne voulut pas casser l'utopisme de son amie, aussi, choisit-il de conserver les lèvres scellées. Brusquement, Léopoldine tapa dans ses mains, ce qui fit sursauter Victor.

— Bon. Maintenant qu'on a la destination, il n'y a plus qu'à trouver comment y arriver. On va donc te trouver un plan d'action.

— Un quoi ?

— Un plan d'action, des petits défis du quotidien, n'importe quoi. On pose les premières pierres de l'édifice de ta réussite.

— Attends pourquoi c'est à moi qu'on planifie des objectifs et des actions ? Il me semble qu'au départ, on parlait de tes envies et de tes projets Léo.

— Disons qu'en l'absence d'un vrai positionnement de ma part sur le but à atteindre, je préfère qu'on se concentre sur tes envies, à toi.

— Sans me demander mon avis. Tu es un dictateur en somme.

— Non, ma théorie à moi, c'est que je suis devenue experte dans l'art de perdre du temps ou plutôt dans ce cas précis d'en gagner. Vois-tu, si j'occupe mes pensées à apporter mon aide ou mes idées à quelqu'un, alors je n'ai pas de temps à consacrer à la gestion de ma propre vie.

— Je ne te savais pas partisane de la politique de l'autruche.

— Personnellement, je préfère le terme de procrastination. Je pense vraiment et de manière égocentrique que ce concept a été inventé pour moi… mais je te promets que tu auras matière à te venger plus tard. Bon. Qu'est-ce que tu apprécies particulièrement dans ton quotidien ? Tu n'évoques jamais ton travail, alors qu'on y passe quand même le plus clair de notre existence consciente. Tu es plutôt satisfait de ce que tu fais ?

— Je ne me pose pas vraiment la question, ça me permet au moins de payer mes factures et de voir du monde.

— Et si justement, tu te la posais la question ?

— J'ai déjà de la chance d'avoir pu me poser quelque part, je ne peux pas me plaindre. Je ne me lève certes pas tous les jours avec une envie spéciale.

— Mais avec une envie quand même.

— Pas vraiment. C'est mécanique. Tu sais, il n'y a rien de passionnant à réparer des vélos. Ce n'est clairement pas la voie que j'aurais choisi si j'avais pu. Parce que toi, tu te lèves toujours avec l'envie au cœur de tes tripes ?

— Je le pensais jusqu'à peu. En réalité, je crois que je me mentais à moi-même.

Et Léopoldine disait vrai. Elle avait réalisé ce fait il y a à peine quelques heures. Elle avait certes choisi et adoré son métier. Eh oui, durant un moment certain, il l'avait remplie et animée. Elle avait tant appris sur elle, sur les autres, sur la loi et sur le monde qui l'entourait. Mais cela faisait un moment qu'elle sentait un malaise s'installer. Elle avait feint de ne pas s'en apercevoir, mais la sensation d'étouffement avait commencé à prendre de l'ampleur. Finalement, ce cadre qui lui plaisait tellement il y a quelques années l'oppressait désormais. Elle ne s'était pas trompée de voie, bien au contraire. Elle avait été là où elle avait dû être, au moment parfait. Seulement, elle avait grandi, évolué, et aujourd'hui ses besoins étaient différents. Elle allait donc poursuivre sa route, choisir un chemin différent et qui aurait du sens pour elle.

— Tu sais, toi aussi tu pourrais opérer un virage. Il n'est jamais trop tard, je le pense sincèrement, ajouta-t-elle doucement. Victor réfléchit un moment ; qu'est-ce qu'il avait toujours aimé ?

— Et bien, tu vois, je crois que j'ai toujours souhaité écrire. Je sais qu'on ne peut pas en vivre, à moins d'avoir quelque chose d'extraordinaire à raconter, des concepts… ou surtout de la chance… Enfin, tu vois… avoua timidement Victor en baissant la tête.

— Je vais encore faire l'avocat du diable, mais je trouve ton argument discutable. La moitié des livres de ma bibliothèque n'est pas franchement transcendante. Mais à chaque fois, je pense à la personne derrière la création. Celle qui a passé peut-être même des nuits entières pour accoucher de ces quelques mots, et qui a osé les exposer à la face du monde.

— C'est une question de point de vue. Toi, tu sembles décrire ça comme un acte de courage, mais pour moi, c'est plus thérapeutique. Parfois, cela me permet même de me sentir mieux, plus léger. Comme si écrire m'aidait à mettre de l'ordre dans le foutoir de mes pensées, et à tirer un trait définitif sur certaines choses.

— Donc tu as déjà essayé… parfait. Tu attends quoi pour continuer ?

— Le talent, sans doute.

— C'est si important ? Le talent, ça reste une notion tout à fait subjective pour moi. Et puis, qui te dit que tu n'en as pas ?

— Personne, je ne fais jamais lire ce que j'écris. Et puis, tu sais, je n'y arrive plus depuis quelque temps, et ça me peine beaucoup. C'est drôle, tout est bloqué dans ma tête, mais j'ai beau tenter de m'y mettre, rien ne veut sortir. Aucun mot, aucune idée, le néant. Je ne te parle pas de l'angoisse de la page blanche, c'est différent… C'est peut-être à cause des médicaments, j'essaye de comprendre… je ne sais pas trop… Tu vois, quand j'étais en crise, j'écrivais beaucoup. Il m'est arrivé de relire tout ça, il y a quelques semaines à peine, j'avais tellement honte de ce que j'allais y découvrir. Je craignais d'y voir le témoignage d'un fou. Et tu sais quoi ? J'ai beau savoir que c'était la pensée de quelqu'un qui décompense et bien je ne trouvais pas ça si incohérent. C'est ma logique, alors ça me parle, mais honnêtement, personne ne peut lire ça. Personne. Je pense donc qu'il est préférable que je garde tout ça pour moi. Une sorte de journal intime hybride. Cela restera un vieux rêve, voilà tout. Ce n'est peut-être pas un hasard, si je n'arrive plus à pondre la moindre ligne, c'est que cela ne doit pas se faire, imagine ce qui pourrait sortir de cette tête de détraqué ?

Léopoldine eut envie de lui rétorquer que son analyse était à son sens erronée et pessimiste. Qu'il n'avait rien d'un détraqué, qu'elle ne comprenait pas que l'on puisse baisser les bras aussi aisément, que la littérature était encore un des seuls moyens de s'évader dans des chemins tant sinueux, qu'improbablement beaux, et que ce qu'il considérait comme son talon d'Achille aujourd'hui pouvait au contraire devenir sa plus grande richesse. Qu'elle serait ravie de découvrir les milliers de mondes qu'il devait créer avec pour lui une simplicité déconcertante, et qu'écrire c'était raconter une histoire, qu'importe que l'on y trouve une quelconque cohérence. Qu'écrire, c'était être un artiste, exploiter sa sensibilité et surtout une forme d'apologie de liberté. Elle se retint de lui dire qu'elle trouvait dommage que sa peur de lui-même l'empêche de vivre pleinement. Mais Léopoldine songea qu'elle ne pouvait se permettre de prôner de tels propos, à son sens, encourageants, alors qu'en réalité, elle serait toujours incapable de comprendre ce qui se jouait pour lui dans ces moments-là, parce que c'était son histoire de vie. Que même avec la plus sincère bienveillance du monde, un silence était parfois plus puissant qu'un conseil.

Finalement, qui sommes-nous pour nous permettre d'analyser une situation avec justesse, alors que nous ne posséderons toujours qu'une partie du jeu de cartes ? Mais à défaut de comprendre, on peut tout simplement soutenir quelqu'un en l'acceptant dans toute son intégrité et en étant juste assis sur le même banc à regarder dans la même direction. C'est ainsi ce qu'elle choisit de faire en se contentant d'acquiescer en silence. Comme il l'avait fait pour elle depuis le début de leur rencontre.

Chapitre XVI

Léopoldine était installée en tailleur depuis de longues minutes sur son lit, et scrutait un petit objet posé devant elle. Elle repoussait ce moment depuis quelque temps déjà, et elle se refusait à prodiguer des conseils qu'elle ne s'appliquait pas à elle-même. Aller de l'avant. Elle commençait tout doucement à accepter l'idée de réintégrer le monde, et le temps qui lui était imparti pour s'y préparer était des plus limités. Bon. Il fallait bien se lancer à un moment ou un autre. Mais par étape. Une étape qui lui paraissait infranchissable. Son Everest ne mesurait guère plus d'une quinzaine de centimètres, et avait pris le monopole d'une partie considérable de son temps libre.

Lorsqu'elle était arrivée en pleine nuit à l'hôpital… enfin… lorsqu'on l'avait embarquée dans cette improbable aventure, elle avait sur elle son téléphone portable. Comme toujours. Probablement comme tout le monde d'ailleurs. Elle ne se rendait même plus compte de son omniprésence, et de la manie qu'elle avait de vérifier si l'objet était toujours dans sa poche toutes les trois minutes environ.

Trop assommée par les médicaments, elle n'y avait prêté aucune attention les premiers jours et il avait fini par s'éteindre, privé de batterie. Et elle s'était finalement habituée à cette coupure, cela l'avait aidé à faire le silence dans sa tête. Et voilà désormais qu'elle redoutait d'appuyer sur un simple bouton, ce qui était l'équivalent pour elle de rouvrir la boîte de Pandore, se reconnecter aux vertiges des rapidités des transferts d'informations.

Ainsi, elle avait passé les deux dernières heures à chercher un chargeur et un patient de son pavillon lui avait gentiment laissé le sien.

Fichtre, là elle n'avait plus aucune excuse. Elle contempla la petite lumière bleue indiquant que la charge était complète, et se saisit enfin de l'objet. Comment un gadget, créé à des fins purement pratiques, avait-il pu prendre finalement autant de place dans sa vie ? Ce n'était même plus qualifiable de dépendance, cela relevait d'une dictature technologique, déclenchant des réactions pavloviennes. Un message ? Vite, répondre, comme une tâche à accomplir, quelque chose à laquelle on songe obsessionnellement jusqu'à ce que cela soit réalisé. Et une angoisse qui monte, car il faudrait répondre, avec tout autant de dextérité, au suivant. Un moment de vie ? Vite, une photo, pour ne pas oublier, pour partager, ou pour légitimer le fait que l'on fait quelque chose de concret de son passage sur terre. Une nouvelle habitude du siècle, qui finalement provoque l'effet inverse, et nous empêche d'être dans l'instant présent. Une interrogation, ou un besoin d'information ? On ne prend même plus le temps de réfléchir, d'analyser, puisque la réponse est disponible en à peine quelques secondes. Alors, on finit par moins retenir, et si l'on y réfléchit, on sollicite moins notre matière grise, toute forme de logique s'égrenant lentement au contact de Google… Quel étrange paradoxe, que cet outil de liberté finisse par nous en priver. On ne peut plus s'évader en randonnée ou s'isoler dans une quiétude mentale, car nous sommes toujours joignables ou détectables, et gare à celui qui ose s'éloigner de son petit objet vicieux, combien d'individus supportent la frustration de ne pas obtenir de réponse immédiate ? Léopoldine aussi avait été de ceux-là… de ceux qui grommelaient et vérifiaient toutes les quatre secondes si un de ses correspondants avait pensé à elle. Au final, on n'échange plus sur le fonds mais la forme, car communiquer trop fréquemment, c'est ne pas laisser l'envie de se voir ou de se parler se créer, plus de place pour la sensation de manque agréable qui rajoute à l'excitation de retrouvailles.

Finalement, il fallait bien le reconnaître, elle aussi participait activement à ce vaste complot technologique, et était l'unique responsable de ce qu'elle qualifiait de « perte de tranquillité ». À l'avenir, ce serait à elle de doser et de revoir ses priorités. Après tout, elle venait de passer de nombreux jours sans s'en soucier, alors elle était capable de se réapproprier sa liberté, et de ne pas empiéter sur celles des autres.

Léopoldine saisit l'appareil, l'alluma et composa le code. Les yeux rivés sur l'écran, elle patienta quelques secondes avant de voir apparaître la notification d'un premier message, puis d'un autre, puis un nombre impressionnant s'enchaîna. Elle se leva et fit le tour de la pièce, elle avait toujours eu besoin de marcher et de s'activer lorsqu'elle se sentait nerveuse. Comme si, se mettre en action pouvait l'aider à canaliser ses émotions. Et il fallait bien reconnaître que cela fonctionnait toujours. Pourquoi se sentait-elle soudain si angoissée ? Avait-elle peur de découvrir ce qu'on pensait d'elle, ou de voir inscrire exigences et reproches divers et variés ? Sans doute. Mais au fond, qu'importe, les regards ou pensées d'autrui, elle préférait privilégier les siennes. C'était elle, le capitaine de son navire, point final et cette simple constatation l'aida à retrouver son calme. Ainsi elle lut le premier message, des mots anodins de fin de soirée, le dernier qu'elle avait dû recevoir avant d'atterrir ici.

Apparemment, la fête avait continué pour certains et son amie lui adressait un ultime rapport alcoolisé d'un moment qu'elle qualifiait « d'épique ». Épique, oui, pensa Léopoldine, c'est le bon terme. Elle rit nerveusement et avec nostalgie en repensant à son amie avec qui elle partageait toutes ses aventures depuis de si nombreuses années. Plusieurs jours plus tard, elle lui avait visiblement adressé plusieurs autres messages, tantôt inquiets, tantôt encourageants, lui jurant fidélité et soutien. Léopoldine ignorait comment la nouvelle avait pu se répandre mais qu'importe, elle se sentit envahie d'une bouffée de chaleur. Elle s'aperçut que quelque chose se déverrouillait en elle. Encore un de ses tiroirs mentaux qui était en train de s'ouvrir, prêt à être vidé de tout son contenu et à être soigneusement rangé… mais oui, elle réalisa qu'elle était aimée tout simplement. Était-ce possible ? Apparemment oui. Et à cet instant très précis, sa fidèle copine lui manqua soudain cruellement. Elle pouvait encore l'entendre éclater de rire, et ce souvenir lui arracha le cœur. Elle aurait tant souhaité revenir en arrière, et vivre cette dernière soirée en pleine conscience. La vie est ainsi faite… on a tellement tendance à s'habituer aux belles choses de nos paysages quotidiens qu'on finit par en oublier leur grandeur. Mais pourquoi parlait-elle de dernière soirée ? Elle n'était pas condamnée à mort ou en prison à perpétuité, il y en aurait probablement d'autres des instants comme celui-là. Il le faudrait. Non pas pour balayer le souvenir du dernier, mais pour créer quelque chose d'encore plus fort et beau. Et peut-être même dire à son binôme à quel point elle était importante pour elle.

Léopoldine poursuivit l'ouverture de ses messages… un deuxième… puis un troisième… Elle qui s'attendait à voir certains noms apparaître fut fort surprise d'en découvrir l'absence. Un douloureux silence de proches pour qui elle avait tant de considération, et qui semblaient avoir disparu d'un coup de son monde. Comment était-ce possible ? Peut-être ne savaient-ils pas où elle se trouvait en ce moment ? Évidemment qu'ils devaient le savoir, puisqu'en temps normal, ils l'auraient contacté pour des affaires tout à fait anodines. Elle fut décontenancée, sentant un sentiment de malaise grandissant l'envahir. Il vaut mieux parfois des paroles maladroites que des silences, ouvrant la voie à des interprétations infinies et souvent fausses. Une partie d'elle était blessée, l'autre non… étrange. Léopoldine continua sans peine ses lectures, c'était plus simple une fois qu'on finissait par se lancer. Certains mots l'étonnèrent, venant d'individus qui partageaient son quotidien et dont elle n'imaginait pas un instant l'importance qu'elle pouvait revêtir pour eux, et celle qu'ils avaient pour elle. Elle n'en voulut pas réellement aux grands absents. À dire vrai, chacun est libre de réagir à sa manière. Qui serions-nous pour juger cela et attendre d'autrui qu'il réagisse exactement comme nous l'attendons ? C'est empiéter même sur la liberté et, profondément injuste. Parfois, les besoins des uns entrent en conflit avec ceux des autres… parfois lorsque l'on est plongé au cœur d'une situation de crise, on oublie quel impact cela peut causer à l'extérieur. Peut-être avait-elle heurté ses proches en finissant dans cet endroit… peut être avaient-ils honte… peut être en avaient-ils rien à faire, la considérant soudain comme un poids à gérer… ou peut-être tout simplement qu'ils ne savaient pas comment réagir. Après tout, pouvait-elle affirmer qu'elle avait toujours adopté la bonne posture avec ses proches ? Probablement pas. Certainement pas. Mais lorsque l'on est perdu au milieu de l'obscurité, on a besoin d'apercevoir la lumière du phare.

Et si les épreuves soudent, elles peuvent également provoquer des ruptures imprévisibles. Parfois, on passe des années à marcher côte à côte, avant de prendre soudainement des directions différentes. Qu'il est compliqué pour des individus d'évoluer de la même manière, sur une temporalité similaire ! Même des liens de sang ou des années d'amitié ne peuvent parfois franchir le pic du mont incompréhension ! Mais ceux qui étaient encore à ses côtés durant sa chute seraient ceux qui mériteraient d'être liés à sa victoire. Parce qu'elle avait décidé qu'elle ne se laissait aucun choix, la seule option que son envie de survivre (à moins que cela ne soit de la fierté ?) lui dictait était d'avancer.

Mais alors pourquoi sa vue se brouillait-elle à cet instant ? Encore des larmes, mais point de tristesse cette fois, un charmant camaïeu d'émotions, la faisant passer de la joie provoquée par cette petite victoire sur elle-même, à une pointe de culpabilité teintée d'ingratitude… mais comment ne s'était-elle pas rendu compte plus tôt, que ses combats du quotidien lui avaient tant obscurcie la vue ? Sidérée par cette découverte, elle en demeurait bouche bée et immobile sur le lit. C'était comme si elle était enfin parvenue à ouvrir le coffre, son coffre mental autour duquel elle tournait depuis des années, mais n'en trouvait pas la clé. Impossible de déverrouiller cette foutue serrure ! Et finalement, cela l'avait bien arrangée. Léopoldine avait peur de ce qu'elle y découvrirait, s'ouvrir la rendrait encore plus incontrôlable et vulnérable. Hors de question. Se protéger, être invincible. Mais les grands rouages de la vie finissent toujours par vous faire plier, par vous faire vous affronter vous-même, et finalement, c'était justement ce précieux contrôle que Léopoldine avait perdu le fameux soir qui l'avait conduit ici… Et pour son propre bien, paradoxalement. Aurait-elle pu remettre la main sur cette clé autrement ? Sans doute. Différemment peut-être. Si elle était honnête avec elle-même, elle savait que cette petite clé était sur elle depuis toujours, et qu'elle en avait caressé le contour plus d'une fois, du bout des doigts dans l'obscurité d'une poche, sans jamais vouloir vraiment la saisir.

Léopoldine venait également de faire une grande découverte, qu'elle avait plus de difficultés à digérer. Elle avait toujours apprécié sa solitude, c'était un fait avéré. Elle n'était pas de ceux qui fuyaient le silence, elle au contraire le recherchait. Ses précieux moments, seule avec elle-même, étaient indispensables à son équilibre, mais également une manière de se replier lorsqu'elle souffrait d'évoluer dans un monde qui lui était trop hostile, ou qu'elle ne se sentait pas en phase avec ses congénères. Être seule n'avait jamais été une source d'ennui, c'était même au contraire une quiétude assurée, qui lui permettait notamment de conserver le mutisme et d'éviter de devoir dissimuler ce qui la rongeait, là à l'intérieur. Au final, elle en était venue à la conclusion qu'elle n'était peut-être pas faite pour vivre avec d'autres individus. Cela aurait été bien trop compliqué de faire semblant tout le temps. Clairement, elle devait être imbuvable avec ses besoins de silence, ou ses comportements atypiques. Impossible qu'on s'attache réellement à un être comme elle, on pouvait certes l'apprécier, mais pas réellement l'aimer, oui de cela elle en était persuadée. C'était sans doute l'unique façon de conserver sa liberté aussi. Le deal lui semblait honnête, après tout, à chacun son fardeau, et on ne peut pas tout avoir. Elle troquait la compagnie ou l'affection, contre son indépendance. Et de là en avait découlé la certitude qu'au final elle devait également s'habituer de ce fait à ne compter que sur elle-même. Léopoldine avait certes un entourage adorable autour d'elle, mais sans doute ne s'étaient-ils pas encore rendu compte de la supercherie ! Non, quand ils verraient réellement qui elle était, ils finiraient par lui tourner le dos, c'est ainsi que le monde fonctionnait, devoir rentrer dans ses cases et faire semblant de s'y conformer. Du moins, c'était ce que Léopoldine pensait il y a à peine quelques jours encore. Avec ce recul imposé, elle avait compris désormais qu'elle avait commis une autre erreur d'interprétation, probablement dictée par ses peurs les plus profondes. Elle qui avait toujours prôné, avec force et sincérité, son besoin d'indépendance réalisait, soudain, qu'elle ne l'avait jamais totalement été, puisqu'elle était profondément attachée à des individus. Elle pouvait bien vivre comme elle l'entendait, cela ne changerait pas, mais on n'est jamais totalement libre quand on éprouve de l'affection pour quelqu'un. Un fil invisible qui relie les êtres entre eux, et quand elle se remémora tout ce que cela lui apportait, elle en conclut là aussi que c'était un bon deal.

Oui, elle aussi avait besoin des autres, et était même aimée. Elle n'avait finalement jamais avancé en parallèle du monde, gauchement comme elle le pensait. Elle avait tout simplement vécu ses propres expériences, et grandit à sa manière. Mais elle n'avait jamais été seule, et elle s'en sentit reconnaissante. Elle aurait tant voulu pouvoir partager cette grande découverte et remercier ses proches de faire partie de sa vie. Elle qui maniait si bien les mots qui consolaient, se voyait toujours affublée de mutisme ou de maladresse lorsqu'il s'agissait d'exprimer ses propres sentiments. Mais il lui fallait bien apprendre. Elle trébucherait sans doute, mais à cet instant plus rien ne lui semblait impossible. Ou presque.

La vision de sa nuit d'hospitalisation vint à nouveau obscurcir son regard. Avant toute chose, elle devrait d'abord apprendre à pardonner, mais elle était parfaitement consciente que le temps l'aiderait à soigner ses dernières plaies et serait un allier indispensable pour faire passer sa colère. C'était quoi déjà cette expression qu'elle détestait ? Ah, oui. Rome ne s'était pas faite en un jour. Et elle non plus. Mais maintenant, elle savait que chaque jour avait été indispensable pour la mener où elle était aujourd'hui et qui sait peut-être même à l'aube de quelque chose de nouveau. Léopoldine lista mentalement les personnes à qui elle souhaitait demander pardon, et la première qui lui vint en tête fut elle-même. Parce qu'elle avait blessé, joué, menti, à sa manière abandonnée, et sa victime préférée avait, semble-t-il, toujours été elle-même. Du temps, du temps, il en faudrait, mais elle avait le sentiment d'y voir tellement plus clair. Si clair, qu'elle se sentit habitée d'une profonde gratitude et voulut scander son affection nouvelle à tous.

Mais pas tout de suite, patience. Il lui fallait au préalable digérer la découverte de tout cet amour, qui lui apportait autant de chaleur, qu'une sourde confusion qui lui enserrait la poitrine. C'était trop. Trop d'un coup. Ingérable. Encore ce foutu barrage qui était en train de céder. Et si justement, elle prenait le risque d'ouvrir à nouveau les vannes ? Mais ce qui naissait en elle était tellement beau que paradoxalement elle en avait viscéralement mal. Mal au ventre. Mal à la poitrine. Son cerveau, habitué à tant de contrôle, ne parvenait plus à analyser l'information, à canaliser ses émotions, que faire de tous ces sentiments, de toutes ces démonstrations ? Une terre aride, qui recevait des trombes d'eau d'un coup, combien de temps prendrait le liquide avant de s'infiltrer ? Que se passerait-il ensuite ? Le sol serait humide, prêt à donner et à accueillir toute forme de vie. Le jardin fleurirait. Mais… la terre finirait elle par redevenir sèche et stérile de tout ? Non, elle veillerait bien à prendre soin de son jardin. Aucune amitié ou aucun amour, telle une plante, ne perdure si elle n'est pas arrosée régulièrement. Elle le devait bien à elle-même, et elle le devait aux autres.

Alors, elle commença à répondre à chacun, nul besoin de grands discours, quelques mots simples et sincères. Mais le symbole pour elle d'une grande décision : elle reviendrait très vite, mais tenterait d'être enfin la meilleure version d'elle-même.

Chapitre XVII

Tandis que Léopoldine redécouvrait les joies de la sociabilité, Victor lui de son côté avait aussi pris une grande décision. Perdu dans ses pensées, il se tenait debout devant la fenêtre de sa chambre.

Si sa comparse semblait rencontrer des difficultés à trouver la motivation pour se reconnecter à la vie, pour lui le problème était tout inverse. Il ne manquait nullement d'envie, seulement il pouvait sentir glisser entre ses doigts le fil de son existence, et pourtant il faisait de son mieux pour s'y accrocher. Mais il n'abandonnerait pas, parce qu'une petite voix, qui n'avait rien à voir avec celle qui le poussait à se perdre en lui-même, lui soufflait qu'il devait s'accrocher, qu'une issue favorable était à portée de mains. Était-ce cela qu'on qualifiait d'intuition ? Il aurait pu aisément préférer suivre les conseils de l'autre, la maudite, qui l'incitait au contraire à se laisser sombrer. Mais comme la vie se résume souvent à une succession de choix, il avait justement opté pour la voie du combat.

À ce constat s'ajoutait un second facteur. Bien qu'il fût attaché à cet endroit, il fallait bien reconnaître que Victor commençait à y trouver le temps long. Alors, il eut une idée. On a tendance à trop sous-estimer le pouvoir du subconscient… en évoquant avec Léopoldine son envie d'écrire, et son blocage, il avait ouvert un nouveau tiroir dans son mental. Lui aussi. Et Victor avait une soudaine envie d'en extraire tout ce qui s'y trouvait.

Après tout, qu'avait-il à perdre ? Tout se passait uniquement entre les murs de cette chambre. Aucun témoin donc, et aucune gêne à avoir.

Mais alors, par quel bout commencer ? Devait-il se jeter dans l'arène, ou chercher justement l'origine de ce qui l'empêchait d'y plonger ? Et puis surtout, était-il réellement sûr de l'existence d'un blocage ? Était-ce encore une invention de son esprit ? Comment pouvait-il en être persuadé alors qu'il n'avait pas tenté d'écrire une ligne depuis plusieurs mois ? Il n'y avait qu'un seul moyen de savoir, et aujourd'hui il se sentait prêt à s'affronter lui-même.

Victor prit ainsi place à son bureau et se saisit d'un stylo noir. Puis, il le posa. Il préférait finalement le stylo bleu. Parfait. Il s'étira et positionna correctement sa chaise. Puis, il se leva et alla fermer la fenêtre, le chant des oiseaux l'empêchait de se concentrer. Tout comme l'oreiller sur son lit qui était de travers. Ainsi que l'armoire dont la porte n'était pas correctement fermée. Aussi, il se leva une nouvelle fois et remit tout bien en place. Ah, il est incroyable comme le sens du détail peut être poussé à son paroxysme lorsqu'on excelle dans l'art de procrastiner… Éviter de se confronter à soi-même, et repousser le moment où l'on se jette finalement à l'eau.

Mais cette fois-ci, il était bien décidé à se dépasser. Du moins à tenter. Par étape, il lui fallait réfléchir et établir un vrai plan d'action. Sur quoi avait-il envie d'écrire ? Quel était « le truc » qui l'inspirait, et sur lequel il pouvait s'enflammer durant des heures ? Un sujet d'actualité ? Non, n'importe quoi… il ne suivait d'ailleurs plus les dernières folies du monde depuis qu'il était ici, et il avait toujours du mal à saisir les véritables enjeux de la société dans laquelle il évoluait. Bon. Peut-être pouvait-il écrire sur lui, raconter son histoire personnelle ? Il supposa même l'espace d'un instant que cela éveillerait un intérêt et de la bienveillance sur sa maladie. Qui sait même l'impact que cela aurait sur lui, coucher noir sur blanc, ce qu'il vivait au quotidien aurait peut-être même des vertus thérapeutiques, et l'aiderait à accepter qui il était. Oui, expliquer sans tabou aucun, la réalité de son quotidien, assumant chaque pensée sans aucune once de culpabilité. Ou alors, cela lui procurerait peut-être l'effet inverse, l'enfonçant encore plus dans les méandres de son psychisme, puisque même son exutoire littéraire serait entaché par sa souffrance. Alors plutôt que de trouver un tremplin vers la sortie, il continuerait à s'enfermer et à tourner en rond dans son labyrinthe mental, tentant d'échapper sans cesse au Minotaure qui vivait en lui. Mauvaise approche finalement, il n'avait à cet instant nullement envie de tenter de comprendre les fonctionnements de son cerveau. Pour une fois, il concéda le fait qu'il valait mieux déléguer cela aux professionnels.

Bon. Ne pas paniquer. Une autre idée. Mais comment faisaient les grands auteurs ? Devaient-ils travailler, ou cela leur venait-il avec une fluidité affolante ? Y avait-il une technique à appliquer, ou des règles à suivre ? Stop, pas de panique ! N'importe quoi. Sans doute, oui, certains procédaient ainsi, mais lui devait suivre ses propres règles, et l'une d'elles était justement que l'écriture lui procurait l'effet de parcourir un pays sans aucune frontière. Il était à la fois le dieu et le protagoniste principal de l'histoire qu'il créait, à la fois marionnette et marionnettiste. Oui, c'était cela qu'il aimait faire. Il le tenait enfin son concept !

Victor avait toujours eu un penchant pour la science-fiction, il avait grandi en dévorant Lovecraft et le Seigneur des Anneaux. Il avait passé des heures entières à se réfugier dans ces mondes imaginaires qui, paradoxalement, lui apparaissaient comme plus authentiques, plus réels, et empreints de nobles sentiments de bravoure et de loyauté. Si seulement sa vie avait pu ressembler à celles de ses grands personnages ! Eux ne réfléchissaient pas, ils fonçaient, animés de grandes missions qui mettaient en péril leur propre vie, mais qu'importe puisque le bien de tous était supérieur. Si ces univers étaient si doux et familiers pour lui, peut-être qu'il pourrait en créer un. Victor était assez lucide pour savoir qu'il était incapable de créer une langue elfique ou « victorienne », mais il pouvait utiliser ce qu'il avait en lui pour restituer un monde nouveau, un monde meilleur. Qui sait, peut-être même qu'il parviendrait à imaginer un petit coin de paradis pour un autre jeune garçon qui, comme lui, se sentait perdu au milieu de cette marée humaine. Ému par cette pensée, il sentit une motivation profonde l'envahir. C'était cela sa vraie force, Léopoldine avait raison. Il se garderait bien de lui dire d'ailleurs, elle jubilerait trop, et serait plus insupportable que jamais.

Fier de son idée, Victor fut tenté de se lever et de repousser à plus tard la mise en œuvre de son projet, mais il se connaissait suffisamment pour savoir que s'il ne mettait pas tout de suite la première pierre à son édifice, s'il n'écrivait pas ne serait-ce que trois mots, alors jamais il ne franchirait cette étape. Il respira un grand coup, et chercha l'idée, les mots, un début… rien ne vint… ou plutôt tellement de choses envahirent son esprit… un flot d'idées, brouillonnes et contradictoires, sans compter ses fidèles pensées parasites, mais rien qui fut en corrélation avec ses envies d'envolées littéraires. Il secoua la tête, comme pour remettre de l'ordre, et redoubla ainsi d'efforts pour se concentrer, mais rien ne lui apparaissait comme étant pertinent ou suffisamment riche pour être développé. Et plus il cherchait, moins il trouvait. Doit-on réellement préciser que l'être humain n'excelle pas uniquement dans la procrastination, mais aussi dans l'art de se mettre la pression tout seul ? Il fut tenté d'abandonner une nouvelle fois, et toujours cette interrogation… mais comment faisaient les grands auteurs ? Où puisaient-ils leurs idées ? Cela devait être cela qu'on appelait le talent, ce qui lui confirma une fois de plus qu'il n'en avait peut-être aucun finalement. Non. Il bloqua cette pensée. Talent ou pas, il ressentait un besoin viscéral d'écrire alors, il le ferait. Il ne serait pas le futur Tolkien, et ce n'était de loin pas son but, se comparer ne l'aiderait pas c'était certain. Mais pour une fois, il écouterait son cœur et non pas ce traître de cerveau. Une fois sa décision prise, il se détendit et cet élan nouveau d'audace lui permit de coucher sur le papier ses premiers mots… les premiers mots qui en libérèrent avec fluidité des centaines d'autres. Enfin.

Chapitre XVIII

À quelques centaines de mètres de là, tempête sous la caboche... il y en avait une autre qui se débattait avec ses réflexions sournoises. Quelque chose de plus grand, avait-elle clamé à Victor. Oui, mais quoi ? Léopoldine y réfléchissait souvent, mais son esprit ne cessait de s'égarer, lui aussi, de partir dans plusieurs directions, de l'enthousiasmer, avant de la décourager avec un pragmatisme castrateur. Et finalement, elle n'avançait pas, mais alors pas du tout. Finalement, y songer l'épuisait, alors elle ne le faisait plus depuis longtemps, ce qui avait progressivement dû l'enfermer dans cette routine étouffante. Elle passait un temps considérable à attendre que les choses aillent mieux ou à se projeter mentalement dans un futur incertain « où tout changerait » et elle en venait à oublier de vivre le présent, parce qu'elle pensait que rien ne l'y plaisait justement. Alors, elle se demandait souvent si c'était cela vivre, et si tout le monde en passait par ces mêmes raisonnements. Et chaque fois qu'elle se rendait compte du contraire, elle dégringolait de quatre étages. Parfois lorsqu'elle se promenait en ville, Léopoldine voyait toutes ces mères avec leurs enfants, ravies, radieuses, épanouies. Ce n'est pas tant leur maternité qu'elle enviait, car pour être honnête, elle ne se sentait pas habitée par un instinct maternel viscéral, non. Elle pensait même que, bien que tout à fait capable de fabriquer et d'élever un petit être humain, avec toutes les maladresses que cela engendrait, elle le vivrait comme un fardeau la privant de toute spontanéité et de vivre comme elle l'entendait, et finalement cet enfant qu'elle avait égoïstement choisi de faire venir ici-bas le sentirait inconsciemment, même si elle s'efforcerait de lui cacher. Non, ce qu'elle enviait plutôt, c'était cette lueur sereine sur le visage des mères, impliquées, accrochant chaque minute de l'instant, y mesurant probablement le côté éphémère, en somme ce que toutes les personnes ayant trouvé leur rôle et leur place sur terre irradient.

Et Léopoldine justement, quelle était sa place ? Elle aurait voulu tout faire, tout voir, tout apprendre. Un jour, un de ses professeurs au lycée avait confié que sa plus grande frustration résidait dans le fait de savoir qu'il ne pourrait jamais lire tous les livres du monde. En sortant de son cours, la classe entière s'était moquée de lui, estimant que cette simple pensée le faisait rentrer dans la caste des hurluberlus. Quelle idée ! Léopoldine, elle s'était tue, et n'avait pu partager l'hilarité collective. Elle n'avait même pas trouvé cela amusant du tout. Même des années plus tard, ces quelques mots résonnaient encore dans sa tête, faisant douloureusement écho en elle. Ce jour-là, son professeur avait appuyé sur un vrai bouton mental. Elle n'y avait jamais pensé avant, mais oui il avait raison ! Si peu de temps de vie, et tellement de choses à apprendre et découvrir ! Aussi avait-elle réfléchi… comment faire pour rentabiliser chaque grain du grand sablier du temps ?

Il était évident qu'il allait falloir être un fin stratège, puisque justement du temps, elle en manquerait forcément. Ce n'était pas du pessimisme, juste du réalisme. Aussi loin qu'elle pouvait s'en souvenir, c'était la première fois qu'elle avait réellement pris conscience du côté éphémère de l'existence. La nuit, tandis que le monde entier se laissait aller au sommeil, déjà elle se mettait frénétiquement à faire des calculs mentaux, des estimations en fonction de sa rapidité de lecture, de l'âge jusqu'auquel elle vivrait peut-être… Il lui faudrait éliminer de sa liste les livres qu'elle avait déjà lus pour laisser la place à d'autres, toute une stratégie était en train de se mettre en place. En moyenne, elle mettait 10 jours pour lire un livre, 15 jours si le livre était épais… donc si elle vivait jusqu'à 70 ans, elle pourrait escompter lire encore… mais oui ! Il ne fallait pas oublier un autre facteur qui avait son importance. Lorsque plus tard, elle serait adulte et qu'elle travaillerait, qu'elle s'occuperait de son quotidien, elle aurait encore moins de temps. Mais combien ? Léopoldine sourit en se remémorant cet instant lointain, mais tellement vif dans ses souvenirs. Plutôt amusant. Finalement, elle se rendit compte que, même plus jeune, elle n'avait jamais fait la place dans ses projections mentales à une éventuelle vie de famille, elle composait son avenir aux antipodes de ce qu'on attendrait d'elle, inconsciemment sans doute.

Et elle pouvait toujours sentir l'étau dans sa poitrine, lorsque la jeune fille qu'elle était alors avait été littéralement paniquée lorsqu'elle avait réalisé qu'elle n'aurait jamais le temps d'atteindre son but, un but certes bien utopiste, mais qui était de tout apprendre, de tout découvrir. Ce n'était pas simplement de la frustration, mais une réelle souffrance qu'elle affrontait. Lire. S'évader. Découvrir. Apprendre. Elle aimait tellement ça. Elle se sentait vivante et son cœur battait la chamade d'excitation. Parfois, cela l'empêchait même de dormir. Déjà. Encore. Mais ces fois-là, c'était parce qu'elle avait envie de lumière, alors que ces dernières années elle comprenait maintenant que ses insomnies étaient la manifestation de l'obscurité dans laquelle elle s'était enfermée. Léopoldine réalisa également qu'elle n'avait jamais craint la mort, mais de ne pas vivre et d'apprendre assez. Mais surtout, que cette angoisse existait en elle depuis tellement d'années, qu'elle n'y prêtait plus attention, et que toute sa vie s'était calquée dessus. Grossière erreur, qui lui avait fait perdre un temps considérable, ce fameux temps, toutes ces années perdues, à suivre un chemin qui ne lui correspondait pas. Quoique… ne lui correspondait vraiment-il pas ? Ou juste Plus ? En serait-elle arrivée à cette envie de changement radical s'il en avait été autrement ? Pas sûr. Et puis le passé était écrit, inutile d'y revenir sans cesse. Il était vécu, digéré et constituait son pilier pour vivre son présent et construire son avenir. L'envie de faire mieux, oui, de poursuivre, mais en mieux, en plus fidèle à elle-même, plus en se limitant par crainte de ne pas coller aux codes de la société ou de son entourage. C'était peut-être même la raison pour laquelle elle avait ce besoin viscéral d'adopter des conduites extrêmes, qui lui rappelaient une forme de liberté sur laquelle personne ne pouvait empiéter. Parce qu'elle s'était laissée étouffer lentement toutes ces années.

Elle ne pouvait même blâmer personne… elle l'avait fait si longtemps, accuser le monde entier d'être responsable de son sentiment d'oppression chronique. Parce que finalement elle avait elle-même contribué à tous les abus, spoliations et pressions de son entourage parce qu'elle leur en avait donné le droit. Non, elle ne pouvait blâmer personne de suivre les règles qu'elle avait, elle-même, posées. Sa véritable colère était tournée contre elle-même parce qu'elle ne s'était pas donné suffisamment le droit d'exister, et de ce fait avait trahi la petite fille en elle. Trêve de drama… on pouvait changer de trajectoire à n'importe quel moment, elle n'avait tué personne après tout. Elle allait continuer, mais ferait différemment. Pour elle, pour cette petite fille, pour cette ado qui avait paniqué en pleine nuit il y a des années de cela. Léopoldine était bien résolue à leur prouver à ces deux-là qu'elle ne les avait pas oubliées et qu'elle finirait bien par les conduire sur le chemin qu'elles avaient toujours voulu explorer.

Le souvenir de son professeur lui prouva autre chose… si au quotidien elle se sentait éteinte et qu'elle pensait fonctionner ainsi depuis toujours, elle réalisa qu'elle était tout à fait capable de ressentir avec ses tripes. Léopoldine tenta de se remémorer la dernière fois qu'elle s'était sentie vivante. Au sens propre du terme. Perdue dans la temporalité. Juste le cœur qui vibre et qui s'exprime. Un émerveillement de tous les sens et une émotion qui ne peut être décrite par aucun mot déjà inventé.

Rien de précis lui vint en tête. Rien de récent. Grand dieu… mais comment avait-elle pu se laisser aller comme cela ? Bien sûr, elle aimait les soirées passer aux côtés de ses amis, de sa famille, les restaurants, regarder des reportages d'enquêtes criminelles… mais cela ne réveillait jamais la horde de papillons qui sommeillaient au fond de ses entrailles. Et pourtant, elle était certaine qu'elle était à deux doigts d'y parvenir.

Chapitre XIX

7 heures 37. Merde, il fallait faire vite, il serait bientôt là. Il lui restait approximativement 8 minutes pour finir de tout ranger, de tout fermer, de fumer une dernière cigarette. Bon, ça, elle le ferait en bas, en l'attendant. Oui, voilà. N'avait-elle rien oublié ? Un rapide inventaire mental et voilà qu'elle dévalait en courant les escaliers, lourdement chargée, mais paradoxalement se sentant plus libre et légère que jamais. Léopoldine ne savait pas faire preuve de spontanéité. Elle n'avait jamais appris. Elle, elle était de ceux qui prévoyaient, qui anticipaient, qui organisaient. Et sur ce coup, elle avait décidé de se laisser porter. Mais maintenant qu'elle était assise sur la valise sous le porche de l'entrée, elle se mit à douter. N'avait-elle pas pris sa décision trop vite ? Était-ce vraiment raisonnable de partir maintenant ? Avec lui ? Mais qu'est-ce que la raison venait faire là-dedans ? Elle s'en fichait pas mal. Eh oui, tout se passerait bien, elle devait arrêter d'être parano et juste profiter de la chance qu'elle avait. Elle vit la petite voiture rouge tourner à l'intersection et se diriger vers elle en ralentissant. Plus le temps de reculer désormais. Oui, elle en avait de la chance. Elle s'en rendit compte et fut prise d'une envie de se jeter au cou de son binôme, reconnaissante qu'il lui ait proposé de partir à l'aventure avec lui. Légère, oui, elle se sentait légère ! Le moteur s'arrêta et elle vit la tête familière de son ami Youri lui adresser un clin d'œil en baissant la vitre de la voiture. Ça y est, elle se détendit complètement et balança ses affaires dans le coffre de la voiture, en prenant soin de ne pas abîmer la guitare de son compère. En route. Plus rien d'autre que de satisfaire ses sens et son besoin de liberté ne

compterait ces dix prochains jours. Lorsque Youri lui avait proposé quelques jours auparavant de partir dans le sud de la France et de rendre visite à des amis communs, de faire sa valise là comme ça sur un coup de tête, elle n'avait pas tout de suite accepté. Elle avait même négocié un temps de réflexion de trois jours. Après tout, elle était en pleine préparation de concours, était-ce vraiment raisonnable de partir comme cela, sacrifier peut-être son avenir aux dépens de son bon plaisir ? Elle était alors encore si sage, et elle veillait à agir en fonction de ce que l'on attendait d'elle. Et justement, elle en avait marre. Après tout, elle était adulte et indépendante, elle s'acquittait elle-même du paiement de son loyer et de ses charges. Bon, elle n'était pas fière d'être au chômage depuis quelques semaines, mais finalement enchaîner les petits contrats précaires était aussi ce qui lui permettait de préparer son concours. Et après tout, elle ne restait jamais plus de deux mois sans activité. Un jour, ce serait différent. Un jour, elle travaillerait pour le greffe. Tout changerait. Oui, elle en était sûre. Mais en attendant était-ce un crime que de répondre à un besoin d'évasion imprévu ? Non. Quelques jours, juste quelques jours loin de tout et de son quotidien. Finalement, elle avait accepté. Tandis que Youri mettait ses bagages dans le coffre, elle prenait place à l'avant. Bientôt, l'excitation du voyage et les papotages emplirent l'habitacle de la voiture, on se chamaillait pour savoir quel CD on allait mettre, on spéculait sur le programme des prochains jours, mais surtout on savourait tout doucement ce vent nouveau de liberté. À la première aire d'autoroute où ils s'étaient arrêtés pour boire un café, elle avait zoné dans les rayons, avec l'envie de tout et de ne rien acheter, des conneries dont elle n'aurait jamais l'utilité, mais que, sur le coup, elle jugeait indispensables parce que cela lui rappellerait toujours ce voyage. Mais surtout cet instant où elle s'était rarement sentie aussi en phase avec ses envies.

C'était plutôt amusant. Pourquoi pensait-elle à ça, près de 10 années plus tard ? Léopoldine était sortie se dégourdir les jambes sur les chemins sinueux du parc et s'était installée dans l'herbe, décidée à lire un livre. Elle n'avait plus ouvert un roman depuis de nombreuses semaines, non pas par manque de temps, mais parce qu'elle était incapable de se plonger dans ce qu'elle lisait. Elle survolait alors les mots, sans que rien ne s'imprègne en elle et elle devait recommencer systématiquement depuis le début du chapitre. Et cela l'agaçait prodigieusement. Pourquoi ne parvenait-elle plus à se concentrer ? Parce que ses ruminations étaient bien trop fortes et bruyantes pour lui laisser le droit à l'évasion. Mais aujourd'hui, Léopoldine était résolue à remettre en place sa précieuse habitude, et elle y était plutôt bien parvenue ! Quelques minutes où elle n'était plus au sein de cet hôpital, mais vivant de grandes aventures aux côtés du protagoniste principal. Et d'un coup, elle s'était à nouveau vue occuper le devant de la scène. Eh oui, elle avait fini par s'assoupir, là au soleil, et elle trouvait cela très étrange que la première chose qui lui vienne en rêve fut ce souvenir de plus de dix années. Elle avait effectivement passé de superbes vacances, entre vieilles amitiés et découverte de nouveaux lieux au fil de rencontres improbables. Et Youri, où était-il maintenant ? Depuis combien de temps ne l'avait-elle pas vu ? Des années, oui c'est cela, ils avaient tout simplement fini par se perdre de vue, embarqués dans le flot du quotidien. Enfin, surtout elle, puisque Youri, lui, avait été plus courageux, et s'étant écouté, était parti à la conquête de ses rêves. Aujourd'hui, il écrivait des scénarios et réalisait des courts métrages un peu partout en Europe. Quelle vie, mais il s'en était donné les moyens puisqu'il avait toujours choisi de marcher vers le sommet le plus haut, et il avait toujours décidé que cela marcherait. Et il y était parvenu. Léopoldine fut prise d'un sentiment de nostalgie en repensant à lui. Un ami fidèle et loyal, comme on en croise justement que dans les romans d'Heroic Fantasy. Il aurait beaucoup plu à Victor, sans aucun doute, tant Youri pouvait être fantasque par moment.

Lentement, Léopoldine saisit son téléphone, coincé dans la poche arrière de son jean. Après tout, ils ne s'étaient jamais disputés et qui ne tente rien… Au pire, Youri aurait changé de numéro, ce qui était fort probable après toutes ces années… ou alors non, mais il ne donnerait pas suite à son message. Et au mieux, elle retrouverait son ami et, en ce sens, une partie d'elle-même parce qu'à travers ses yeux elle n'avait jamais fait que briller.

Mais pourrait-il lui pardonner son silence des dernières années ? Probablement parce qu'elle ne lui en tenait pas rigueur non plus. Alors elle composa un message tout simple, sincère et authentique et lui envoya sans se poser de question. On verra bien. Elle demeura ainsi quelques instants, immobile et plutôt fière d'avoir, une nouvelle fois, été spontanée, et… elle vit l'écran de son téléphone s'allumer. Un appel. Youri. Si vite ! Oui, il était comme ça, lui. Ses réactions étaient dictées par son authenticité. Et puisqu'elle ne pouvait plus reculer maintenant, elle décrocha d'une voix timide.

Chapitre XX

Victor ne marchait pas. Il courait presque tant il était excité de partager ce qu'il venait de faire. Il se sentait à l'aube d'une vie nouvelle dont il venait de poser la première pierre à son édifice personnel. Bon, certes, il n'avait pas traversé l'océan à la nage non plus, mais il savait qu'il n'en aurait pas été moins fier. Il venait de commencer à percer le mur de son blocage et déjà les premières fissures apparaissaient. Qu'y aurait-il derrière ? Pour une fois, il n'en avait pas peur. Lorsqu'il rejoignit son amie, il remarqua néanmoins tout de suite qu'il n'était pas le seul à afficher une attitude victorieuse. Souriante, quelque chose de serein émanait d'elle et il ne l'avait jamais vu ainsi. Victor s'assit à côté d'elle et choisit de conserver le silence. Peut-être était-elle elle aussi impatiente de partager quelque chose. Mais elle n'en fit rien. Elle le regardait, tête penchée, semblant l'inviter à se lancer.

Aussi, c'est avec beaucoup de pudeur qu'il lui conta ce qu'il avait vécu comme une aventure épique, il était allé chercher au fond de lui-même ce qu'il considérait comme ses démons et en avait puisé son imagination. Cela ferait toujours partie intégrante de sa personne, alors pourquoi ne pas tenter d'en tirer profit après tout ?

— Je ne sais pas vraiment ce que cela vaut, conclut-il.

— Qui pourrait prétendre le savoir ? Existe-t-il sur cette planète un individu disposant d'assez de connaissances et maîtrisant le pouvoir du goût ultime ? Non, bien sûr. Question purement rhétorique. Sur ta route, tu trouveras toujours au moins une personne en qui ton histoire fera écho. Laisse de côté les détracteurs, les rageux, ou tout simplement ceux qui n'aiment pas les mêmes choses que toi.

— Et bien, ça justement, c'est faire preuve d'ego, je trouve. Si on ne tient pas compte des critiques, comment pourrait-on s'améliorer ?

— Justement… on y revient… L'art c'est encore le seul terrain de liberté qui ne soit pas encore complètement corrompu ou codifié. Regarde, même la nature le devient… une formidable échappatoire, mais ce n'est qu'une question de temps avant que l'homme ne salisse tout encore une fois avec ses désirs de conquêtes.

Alors pourquoi tu t'évertuerais à modifier ou améliorer quelque chose que tu as créé, qui est encore brut et beau ?

— Tu veux vraiment me faire partir dans un débat écolo ? Je n'étais pas prêt au grand écart, là. Un jour, il faudra quand même que tu m'expliques comment tu fais pour passer d'un sujet à l'autre comme ça…

— Passer du coq à l'âne, n'as-tu pas encore remarqué que c'est ma meilleure technique d'esquive ? Et de manière générale, j'ai déjà pu constater que cela porte assez bien ses fruits. D'ailleurs, tu sais d'où vient cette expression ?

— Ça ne marche pas avec moi… Qu'est-ce que tu me caches au juste ?

— On va y venir. Sur quoi tu écris, Vic ?

— En un sens, je crois qu'on peut dire… que ça parle de moi.

— Tu sais, cela n'a rien d'étonnant, j'ai lu quelque part que les premiers livres des auteurs sont souvent inspirés en partie d'eux-mêmes.

— Ah oui ? Je ne suis pas sûre que tu apprécierais pour être honnête.

— Moi, je pense que si. Je vais aimer parce que tu couches sur le papier une partie de toi-même, de ta personne. Quand je découvrirai tes premiers mots, ce sera comme me donner accès à une partie de ton âme, et comme j'y suis attachée, que je t'apprécie, je ne peux qu'aimer ta production. CQFD.

— Cela ne tient pas ta théorie. Cela voudrait dire que l'on apprécie un livre, uniquement parce qu'on a appris à aimer et à connaître l'auteur au préalable. Toi qui aimes Victor Hugo, tu vas me faire croire que tu as lu toute sa biographie avant de le lire ? Pour t'assurer que l'auteur collait à tes valeurs et à tes idées ?

— Dis donc, tu cherches vraiment à me contrarier, toi. Mais alors, il parle de quoi ton livre ? Tu racontes ton histoire ?

— Pas vraiment. Je raconte Une Histoire. Tu verras, si tu me laisses quelques jours tu vas pouvoir lire un bout, si déjà tu as déclenché l'élan de motivation en moi, je te dois bien cela.

Léopoldinc nc rćpondit pas tout dc suite, et Victor sentit pour la première fois depuis longtemps un silence gêné s'installer. Que se passait-il ? Il avait beau chercher, il ne voyait pas en quoi il avait pu aller trop loin dans ses propos cette fois.

Victor faisait aussi partie de ces gens qui ne supportaient pas le silence qu'il interprétait comme une perte de lien ou parfois même pour du dédain. Aussi, il attendait avec avidité d'entendre le moindre son sortir de la bouche de son amie, même si cela supposait l'éventualité d'encaisser ses mots qui pouvaient parfois être aussi acérés que des lames de rasoir.

— Il me reste peu de temps ici Vic, il faudra faire très vite alors.

— Qu'est-ce que tu appelles peu de temps ? Quoi ? Ça y est, ils te foutent dehors, le sursis est déjà passé ?

— Non, c'est moi qui l'écourte. Je me sens prête finalement. Si tu veux tout savoir, j'ai même hâte d'un coup. Le temps de finir la paperasse, demain matin je serai libre. Ne cherche pas… finalement tiens je me demande si je n'ai pas un petit côté bipolaire…

— Attends, je ne comprends pas, tu étais prête à t'attacher au portail pour ne pas « retourner dans le vrai monde » et maintenant finalement tu es impatiente… non je ne comprends pas ce revirement soudain, tu es sûre qu'ils ne t'ont rien filé comme médocs ? Qu'est-ce qui t'a fait changer d'avis si vite ?

— Gavarnie.

— C'est quoi ça Gavarnie...

— Un souvenir.

Le Cirque de Gavarnie, dans les Hautes-Pyrénées. Elle l'avait vu en photo avant de s'y rendre, et avait été surprise par la beauté des lieux. Justement, cela lui avait eu l'air bien trop beau pour être réel, les photos étaient forcément retouchées. Elle ne se rappelait plus pourquoi elle et son amie avaient décidé de s'y rendre, presque sur un coup de tête lui semblait-il, pas le genre de voyage qui se planifie, se calcule, se programme, non plutôt l'épopée de la survie dans laquelle on se lance quand on a besoin d'oxygène. Elle ne parvenait pas à se souvenir non plus de la durée du voyage ni des paysages qui avaient dû défiler durant de nombreuses heures devant ses yeux. Elle savait juste que le trajet avait été long, mais qu'elles avaient partagé fous rires, bouchons, bonbons de Vichy, karaoké, et cafés sur les aires d'autoroutes. Comment était-ce possible que le cerveau ne conserve pas les détails, mais uniquement les grandes lignes ? Et pourtant, à chaque fois qu'elle vivait un grand moment, Léopoldine se faisait la promesse de ne jamais oublier chaque seconde, que chaque instant se devait d'être gravé dans l'éternité de son mental. Où passaient tous ces souvenirs ? Ils étaient sans doute quelque part, enfouis, et peut-être que finalement sa conscience n'avait choisi de conserver que l'essentiel.

La longue route s'était terminée par une montée sinueuse dans les montagnes en début de soirée. Léopoldine ne conduisait pas, aussi avait-elle pu prendre le temps de la contemplation et s'émerveillait à chaque virage… cascades déchaînées aux couleurs improbables, roches noires, camaïeux de verdure, elle se sentait littéralement écrasée par les éléments et elle adorait cette sensation de petitesse. Ainsi c'était donc cela les Pyrénées. Une courte nuit plus tard, son amie et elle s'étaient équipées et étaient parties à la découverte de ce lieu mythique pour les randonneurs, et pour être honnête, elle n'avait pas le souvenir d'avoir été aussi soufflée dans sa courte vie par un paysage. Et quel paysage ! Le genre d'endroit magique, semblant figé dans une bulle temporelle et dont la nature se réserve encore le droit de vous faire mériter la vue. Peu de dénivelés au début, puis une succession de ce qu'elles avaient qualifié de « petites épreuves »…

traverser des ruisseaux déchaînés, se frayer un chemin parmi les pierres et les fleurs sauvages, et pour finir par gravir des pentes qui vous collaient le vertige… avant de se retrouver enfin au pied d'une cascade furieuse dont les embruns vous trempaient à 30 mètres de distance. Se retourner, voir la vallée sous un soleil de plomb qui ne parvenait paradoxalement pas à faire fondre les plaques de neige éternelle, mais qui laisseraient des marques rouges sur leurs visages durant des jours. Plus rien ne comptait à cet instant. Ni le temps, ni les préoccupations du quotidien et elle ne sentait même plus la chaleur de ses muscles endoloris par l'effort. Et pourtant, elle aimait tant cette sensation. Mais là, non. Son cerveau était au repos perdu dans la contemplation de ce qui s'étendait devant elle. Elle se sentait en paix et avide de vie. Elle aurait voulu que cela dure toujours, peut-on se lasser d'un état de béatitude ? Elle avait alors échangé des regards complices et ahuris avec d'autres randonneurs qui avaient eux aussi atteint le pied de la cascade, et par moment elle osait à peine lever les yeux tant le spectacle de cette nature incontrôlable la bouleversait. Quelle émotion ! Impossible de mettre des mots dessus, et lorsqu'on lui avait demandé de conter son expérience, elle n'avait pu les trouver, car aucun terme assez puissant et juste n'avait encore été créé. Son cœur s'était complètement ouvert et elle s'était sentie d'un coup plus proche de ces inconnus à ses côtés que de la plupart de son entourage.

Elle ignorait pourquoi elle avait été assaillie ces dernières heures par ces souvenirs de voyage, mais elle n'y voyait pas un hasard.

Aussi avait-elle compris qu'elle devait partir, et rien que cette idée était parvenue à raviver une étincelle d'envie. Elle avait toujours été littéralement addicte à cette sensation d'ivresse qu'elle ressentait lorsqu'elle posait le pied sur une nouvelle terre. À chaque fois qu'elle descendait d'un train, ou qu'elle traversait les portes de l'avion… Elle plongeait dans un autre monde, un monde appartenant pourtant au sien mais si loin de ses habitudes. Elle emplissait alors ses poumons de cet air neuf, chargé de milliers d'odeurs, parfois lourd et humide, parfois glacial et sec. Partir. Mais n'était-ce pas au fond une forme de fuite ? Non, elle ne fuyait rien, elle sentait qu'elle avait fait le tour de ce qu'elle avait à apprendre ici à ce palier de son existence. Donc, non, ce n'était pas une fuite, mais un bond en avant.

Et comme par magie, lorsqu'elle l'avait enfin compris, et surtout accepté, une nouvelle porte s'était ouverte juste devant elle. Youri.

— Attends Léopoldine…

— Léopoldine ? Tu es d'un paternalisme d'un coup…

— Très sérieusement, tu es en train de me dire… que ta révélation, tes pseudo-envolées de vie là, sont liées à un mec ? Tous tes grands discours oniriques, les évocations poétiques de tes souvenirs… pour ça ? En plus, tu n'avais jamais parlé de lui auparavant, je ne comprends pas. Non, vraiment pas. Je m'attendais, je ne sais pas à quelque chose de mieux. Pardon non, de plus grand hein comme tu dis…

Léopoldine perçut bien la petite pointe de mépris, et peut-être même un peu de jalousie, mais ne releva pas, choisissant de poursuivre son récit.

Non, elle ne partait pas pour un mec. Elle avait juste franchi le palier de la porte qui s'était matérialisée devant elle. Lorsqu'elle avait eu son vieil ami au téléphone, car oui c'était bien ce qu'il était un ami. Et encore elle ne comprenait pas pourquoi elle prenait la peine de se justifier, puisqu'après tout même la loi consacrait ce principe, n'est-ce pas, que l'on était libre d'entretenir les relations qu'on voulait avec les tiers, et quand bien même, elle n'avait rien à prouver à quiconque, si ce n'est à elle-même, bref… Youri lui avait tout simplement offert une opportunité, celle de le rejoindre. D'abord en Hongrie, puis en Tchéquie. Youri, à la différence de la plupart des gens qu'elle connaissait, ne s'était jamais posé la moindre question existentielle. Non pas par manque d'intelligence, bien au contraire. Non, il était évident que sa vie se devait d'être portée par la fluidité de ses envies et de ses projets. Il ne s'était jamais demandé s'il arriverait à être réalisateur ou écrivain, non il avait décidé que cela serait le cas, et s'était lancé dans sa grande aventure. Jamais il n'avait douté ni même trébuché, parce que quand bien même, cela faisait partie de son voyage après tout et que chaque problème avait toujours sa solution, ou du moins pouvait être contourné.

Youri, un artiste, un Gainsbourg moderne. Il avait su se frayer un chemin à travers la jungle humaine, avec confiance, et c'était bien cela qui le distinguait de tous et qu'elle admirait chez lui. Il ne doutait jamais, il avançait et aujourd'hui il tournait son deuxième film, et avait même proposé à Léopoldine d'être du nombre. Non, avait-elle répondu, elle n'était pas de cette trempe-là après tout, elle était juriste, trop cérébrale. Combien de fois ses rêves avaient pu s'écraser d'un coup sous le poids d'un paradoxal pragmatisme mental, elle qui voulait pourtant se laisser tout simplement porter. Mais non, elle était ce qu'elle décidait d'être, avait-il tout simplement répondu. Et au fonds, elle voulait tant redevenir cette fille avide d'aventures, de voyages et de rencontres de vie. Maintenant qu'elle s'était laissé devenir vide, elle avait de la place pour accueillir son « quelque chose de plus grand » et elle sut en une fraction de seconde ce qu'elle allait faire. Comme si son inconscient avait fini par prendre le contrôle de ses lèvres. Mais elle savait aussi qu'elle avait besoin d'une impulsion, alors pour se donner, il fallait bien l'avouer, du courage, elle irait rejoindre l'équipe de tournage en Hongrie, puis les suivrait à Prague et après… elle tracerait sa route. Seule. Le temps qu'il faudrait et qui lui serait nécessaire.

À la fin de son récit, elle marqua un temps d'arrêt, comme gênée de s'être autant dévoilée d'un coup. Quel comble après ces nombreux jours passés ensemble ! Elle attendit une réaction, mais le silence perdura. Elle interrogea son ami du regard, n'apprécia pas l'air dubitatif qu'elle déchiffra sur ses traits. Léopoldine se sentit comme trahie et coupable de s'être autant livrée, et en moins de quelques secondes elle passa de l'exaltation à la colère. Bon loupé, mais après tout elle allait mieux, ce qui ne signifiait pas pour autant qu'elle allait changer l'essence de qui elle était et allait devenir quelqu'un d'autre non plus.

— Je comprends ce que tu veux faire, dit enfin Victor en rompant ce silence pesant, mais ça paraît presque impossible. J'entends par là qu'au contraire, il te faut demeurer pragmatique, même si j'adore ton côté rêveur bien entendu et que j'encourage à le nourrir ! Mais comme ça, c'est… périlleux… Par exemple, comment tu vas faire niveau argent ? Ou avec ton boulot ? Je veux dire, tu es comme tout le monde, j'imagine. Tu as le même nombre de congés et tu as besoin d'un salaire.

Léopoldine se mordit la lèvre, pour ne pas répondre trop vite, car en réalité elle avait une violente envie de lui coller une mandale, comme à chaque fois qu'elle se sentait brimée. Elle trouvait absurde, voire carrément intrusif la manière dont il évoquait son précieux projet.

— Léo ? Ne me dis pas que tu n'as pas pensé à tout ça quand même ?

— Et pourtant tu vois cette question ne m'a que vaguement traversée l'esprit, parce que je refuse de me limiter à ça. Ce n'est pas de l'arrogance ou de l'inconscience, contrairement à ce que tu sembles sous-entendre. C'est juste que… je sais que je vais réussir à trouver une solution parce que finalement lorsqu'on se sent acculé c'est souvent ce qu'on fait, grogna-t-elle, vexée.

— Acculée ? Toi ? Attends ce n'est pas comme si tu étais à la rue non plus ou dans un pays en pleine guerre civile…

— Évidemment que je ne suis pas réellement acculée, mais tu sais bien que je ne peux pas m'empêcher de basculer dans la provocation quand je me sens jugée. Parce que c'est exactement ce que tu as fait là. Pourquoi ça te met en colère sérieusement ? C'est bien de ma vie dont il est question après tout ! Pas de la tienne !

— Oui, mais je n'ai pas envie que tu te plantes.

— Je te le répète c'est de ma vie dont il s'agit, il est où l'enjeu pour toi ? Et si je dois me planter, et bien laisse-moi faire, ce ne sera pas un échec juste une expérience, un apprentissage.

— Je ne comprends pas pourquoi tu es obligée d'être si extrême, c'est tout.

— Il n'y a rien d'extrême dans ce projet au contraire, mais je ne veux plus me limiter et encore plus… de m'entourer de personnes néfastes qui le font à ma place.

Vic accusa le coup, après cette dernière phrase cinglante. Un coup double. Non seulement il avait effectivement ressenti un fugace sentiment de jalousie lorsqu'elle avait évoqué Youri. Ce sentiment, il le savait désormais certes injustifié, mais surtout il s'était montré un peu paternaliste. Mais n'était-ce pas toujours ainsi avec les gens qu'on aimait ? Était-ce les étouffer que de s'inquiéter pour eux ? Ou était-ce une preuve d'attachement ? Non, elle avait raison, il n'y avait rien de plus castrateur. Il avait le droit de ressentir ce qu'il voulait, mais la limite de son libre arbitre à lui, ne devait pas empiéter la sienne à elle. Peut-être avait-il brisé cette fois pour de bon leur précieux lien, et il eut envie de crier à l'injustice. Après tout, lui ne l'avait jamais laissé tomber et dieu seul sait à quel point elle avait pu se montrer dure et tranchante par le passé ! Et pourtant c'était bien elle qui se tenait debout, devant lui, le regard fuyant fixant l'horizon, signe d'une rupture imminente. Et pourtant…

— Je sors demain matin. Je dois encore faire quelques papiers pour pouvoir filer direct. On ne va pas se fâcher alors qu'on a une dernière soirée devant nous, tu ne crois pas ?

— Demain matin ?

— Oui, je sais. Ça peut paraître brutal et soudain. Mais je dois agir vite, en écoutant ce que dicte mon cœur cette fois, avant que mon cerveau ne reprenne le dessus et me fige à nouveau dans mes peurs.

Victor ne voulut pas la heurter encore plus et choisit de masquer sa peine. Demain. Déjà.

— Allez, viens, dit-il, on va t'organiser une dernière soirée ici, le genre de truc tellement inoubliable, que tu voudras revenir bientôt…

Chapitre XXI

La soirée avait filé à une vitesse folle, mais n'était-ce pas toujours le cas lorsqu'une échéance était posée ?

Victor avait dû lutter pour garder la face, tant il s'était senti sonné par la nouvelle. Mais Léopoldine avait l'air si joyeuse et déterminée qu'il ne voulait pas gâcher son bonheur, alors il avait fait bonne figure. Elle semblait habitée d'une motivation nouvelle, mais lui ne pouvait s'empêcher de se sentir rejeté. Il se trouvait égoïste, mais une partie de lui en voulait à sa comparse de l'exclure de son nouveau projet de vie, surtout après tout ce qu'ils avaient traversé ensemble. Et pourtant elle était libre, ils n'avaient jamais passé aucun contrat moral, et n'avaient jamais projeté « l'après ».

Ce n'était pas une grande fête qui avait été organisée, mais c'était tout comme. Au fil des jours, l'équipe semblait s'être attachée à ce duo improbable et avait préparé un menu digne de ce nom. Sans alcool certes, mais Léopoldine ne sembla pas s'en offusquer. Parfois, son regard se perdait dans le vide et Victor aurait voulu avoir la capacité de lire dans les pensées pour savoir où elle s'égarait. Mais il n'en avait pas besoin pour savoir qu'elle devait être partagée entre l'excitation de son départ et le fameux bilan nostalgique qui accompagne toujours les fins de cycles.

Puis il avait fallu se quitter, et se souhaiter pour la dernière fois, la bonne nuit. Il n'y aurait plus de rendez-vous sur le banc, de chamailleries, ou de silences contemplatifs. Si, bien sûr, mais il serait désormais seul, à nouveau. Seul avec ses pensées, sans son ange gardien, qui l'avait aidé à les accepter et les contrôler. Il n'avait pas osé lui demander quand ils se reverraient, où, comment et pourtant cette simple pensée l'obsédait littéralement. Il passa la nuit à envisager tous les scénarios et puis au petit jour, il se calma. Aucune rencontre n'est le fruit du hasard, alors oui il aurait forcément une place dans sa vie. Il finit par s'endormir, soulagé et confiant.

Le lendemain matin, Léopoldine s'était levée comme une pile, bondissant littéralement d'un bout à l'autre de sa petite chambre, rassemblant ses maigres affaires, imaginant la sortie, ce qu'elle ferait en premier, où elle irait… Elle se sentait légère et sereine. La première fois depuis des mois pour être honnête. Comme si elle s'était retrouvée elle-même. Pourquoi maintenant ? Comment était-ce possible que tout ait pu changer et se débloquer aussi vite ? Pourquoi ses réponses lui étaient-elles apparues d'un coup, alors qu'elle cherchait où était sa place depuis tellement d'années ? Était-ce cette thérapie ? Était-ce par ce qu'elle était prête ? Ou le fait d'être comme coupée du monde et d'être forcée à se concentrer sur elle ? Ces changements étaient-ils issus de ses longues conversations avec Victor ? Du fait de s'entendre dire certaines vérités sur elle-même, qu'elle se dissimulait depuis toujours ? Ou était-ce le fait d'avoir pu faire confiance à quelqu'un ? Ou tous ces éléments en même temps ? Peut-être… en arrêtant de chercher le chemin à suivre, il s'était finalement présenté à elle. Est-ce que cela demeurerait ? Où allait-elle à nouveau vaciller, puis s'effondrer ? Non, pas si elle choisissait de s'écouter désormais. Mais après tout, seul le temps le dirait.

Elle ne fut pas étonnée de voir Victor l'attendre en bas de son bâtiment. Elle aurait été peinée du contraire, mais aurait compris. Il avait beau faire son irrésistible sourire de façade, elle savait bien que son départ le perturbait. Pour être honnête, elle s'en sentait remuée également et la veille elle avait dû ravaler ses larmes plus d'une fois.

D'un coup, l'atmosphère avait changé. La camaraderie avait laissé place à cette gêne propre aux premières rencontres, ou aux adieux.

— Alors, lança Victor, tu as déjà tes billets d'avion ?

— Tu te doutes bien que je n'ai pas trop pu avancer dans mon organisation de voyage en une nuit. Et avant de pouvoir partir, je vais devoir régler quelques affaires comme tu qualifies si bien de... pragmatiques... dit-elle dans un sourire.

— J'imagine que tu sais déjà où tu vas aller ?

— Si tu savais... il y a des dizaines d'endroits que je veux encore voir, découvrir... dont je veux m'imprégner. Tu sais, je ne compte pas faire cela toute ma vie, mais juste là, à cet instant, à cette période, c'est ce que je dois faire, je le sens au fond de moi. Après tout, l'existence n'est-elle pas une succession d'étapes ? Là, j'ai besoin d'aimer et de ressentir avec mes tripes, de perdre mes mots, de vibrer, d'être littéralement dévastée parce que je suis confrontée à des situations ou à des choses que je ne maîtrise pas, de demeurer sans voix devant un formidable coucher de soleil, mais surtout de partir à ma propre rencontre. Qui sait, je finirais peut-être même par m'apprécier et par être fière de moi ?

— Tu n'as à rougir de rien, au contraire. J'admire beaucoup ton cran, ta résilience, même si j'avoue que... ton sens de l'humour est un peu douteux parfois.

— Je n'ai pas le tiers du cran que tu as, crois-moi. Beaucoup de personnes auraient pu vouloir s'arrêter au bord du chemin, toi non, tu continues et tu commences à accepter qui tu es et à faire de ta particularité une force.

— Tu ne veux pas le dire hein, le mot maladie.

— Non tu connais mon idée là-dessus, et puis je trouve ça négatif et réducteur. Si seulement on pouvait se voir à travers les yeux des autres. Après tout, on se prend peut-être trop la tête, beaucoup le font et ils n'ont pas l'air si malheureux que ça. Écoute Vic, je ne détiens pas la vérité universelle, même si je reconnais être un peu arrogante parfois.

— Parfois...

— ... mais je crois que la seule personne à qui on doit toujours plaire, c'est à soi-même. Bon... et si on se mettait en route ?

Victor lui emboîta le pas, tout allait trop vite d'un coup. Enfin, pour lui, elle au contraire semblait presque impatiente, comme si elle voulait se sortir d'une situation embarrassante, mais finalement n'était-ce pas un peu le cas ?

Elle arborait tout de même un sourire, mais semblait vouloir le fuir d'un coup.

S'il avait été dans sa tête, il aurait compris qu'elle luttait au contraire contre elle-même et se concentrait sur ses yeux afin que les larmes ne se mettent pas à couler. Elle avait beaucoup grandi, mais détesterait probablement toute sa vie de devoir pleurer devant quelqu'un. Non pas par fierté, juste par pudeur. Et pourtant, partager sa vulnérabilité est une des plus belles choses qui soit. Mais surtout, Victor ne semblait pas avoir compris ce qui allait arriver et qu'elle savait qu'elle allait lui briser le cœur, lui raviver son syndrome d'abandon, mais pouvait-il en être autrement ? Non, elle ne pouvait pas prendre la responsabilité de ses blessures à lui, et inversement.

Une fois arrivés au portail, un long silence s'installa soudain. Aucun de ses deux compères n'osait plus se regarder dans les yeux ou ouvrir la bouche, car lorsqu'ils le feraient, l'intemporalité cesserait et ils devraient entamer l'ultime étape de ce voyage.

— Bon… se lança-t-elle.

— Léo, tu peux me promettre une chose ?

Léopoldine l'interrogea du regard, troublée.

— Dis… quand je sortirai à mon tour, on pourra se revoir ? Parce que je doute que tu acceptes de me rendre visite ici surtout que…

— Non, le coupa-t-elle sur un ton bien plus tranchant qu'elle ne l'aurait voulu.

Il sursauta presque, tant il ne s'attendait pas à cette réponse et demeura muet, car au fond, il avait encaissé cette négation comme un coup de poignard dans le ventre.

— Attends. Je veux dire, oui, bien sûr que j'en aurais très envie. Ne doute surtout pas de cela. Mais sincèrement… imagine… on va se promettre de se revoir, on va le faire, on passera sans doute de bons moments, mais ils seront toujours entachés par ce qu'on vient de vivre.

On aura un lien, c'est certain mais justement ce lien nous ramènera toujours à ce moment de notre vie, à cette étape de souffrance. Alors ça restera là, quelque part en nous, dans un recoin de nos têtes. Une ombre prête à bondir parce qu'à chaque fois que je te regarderai dans les yeux, je verrai le reflet de la fille que j'étais avant. Elle fait partie de moi, mais ce n'est plus à elle que je veux être confrontée. Et ce sera pareil pour toi. Finalement, on n'ira jamais complètement de l'avant, on sera juste comme deux amputés qui se soutiennent pour marcher. Je pense qu'on est capable de se débrouiller seul maintenant. Tu ne crois pas ?

— Je crois qu'au contraire, il te faudra un jour te réconcilier avec toutes les « toi », et que ne pas le faire sera ce qui te rendra bancale, comme tu dis. Mais je comprends que tu veuilles me fuir, tu sais.

— Vic, je ne te fuis pas, et je ne t'abandonne pas. Au contraire, parce que tu viens de participer à une des plus importantes étapes de ma vie, alors c'est ma manière de te remercier. Oui, je te libère. Il faut qu'on marche, qu'on coure, qu'on avance, mais seul. Tu sais, la vie c'est aussi ça, je crois. Accepter l'éphémère. Tu te rappelles quand on s'est rencontré ? Ce « hasard » parmi les montagnes ! Cela n'en était pas un… si tu en doutes et bien moi, non…

Et si nous devons nous retrouver un jour, alors je sais que cela arrivera… si et quand ce sera le moment. Mais ne le prévoyons pas alors. Laissons faire les lois de l'univers.

— …

— Pitié, dis quelque chose, je ne supporte pas le silence, tu le sais bien…

Et en guise de réponse, il se contenta de la prendre dans ses bras, comme un frère rassurerait une sœur. Non, il ne lui en voulait pas, mais il avait encore trop de peine et la gorge serrée pour pouvoir lui parler. Lui qui s'était senti boiteux et instable toute sa vie ne pleurait pas uniquement le départ de son amie, mais le fait que, pour la première fois depuis longtemps, il ne s'était pas senti seul.

— Alors, si jamais l'univers n'effectue pas son travail… promets-moi qu'un jour, tu viendras te faire dédicacer mon livre, parvint-il à articuler.

— Oui, ça, je peux te le promettre, Vic.

Puis doucement, elle se détacha de son étreinte et, sans le regarder, ramassa ses affaires et franchi le portail, d'un pas hésitant. Victor attendit qu'elle se retourne une ultime fois, mais elle n'en fit rien.

Lorsque le taxi qui l'avait emportée avait disparu au loin, il commença à marcher dans le parc. Puis, il passa devant leur banc, mais ne s'y arrêta pas. Victor regagna sa chambre, s'assit à son bureau et se mit à écrire. Pour aller au bout de son projet. Pour avancer. Finir son livre. Et la revoir.

Imprimé en Allemagne
Achevé d'imprimer en août 2023
Dépôt légal : août 2023

Pour

Le Lys Bleu Éditions
40, rue du Louvre
75001 Paris

www.ingramcontent.com/pod-product-compliance
Lightning Source LLC
LaVergne TN
LVHW010610160826
845677LV00013B/3350
9791042203870